SMAOINTE AR ÁRAINN ¦ THOUGHTS ON ARAN

Úna Ní Fhaircheallaigh ¦ Agnes O'Farrelly

Úna Ní Fhaircheallaigh ¦ Agnes O'Farrelly

SMAOINTE AR ÁRAINN ¦ THOUGHTS ON ARAN

Ríona Nic Congáil

Eagarthóir ¦ Editor

ARLEN HOUSE

Smaointe ar Árainn ¦ Thoughts on Aran

foilsithe i 2014 ag
ARLEN HOUSE
42 Grange Abbey Road
Baldoyle
Dublin 13
Éire
Fón: 00 353 86 8207617
Ríomhphost: arlenhouse@gmail.com
arlenhouse.blogspot.com

International distribution/Dáileoirí idirnáisiúnta
SYRACUSE UNIVERSITY PRESS
621 Skytop Road, Suite 110
Syracuse, NY 13244–5290
Fón: 315–443–5534/Facs: 315–443–5545
Ríomhphost: supress@syr.edu

ISBN 978–1–85132–096–7, bog/paperback

Clóchur: Arlen House
Priontáil in Éirinn

Tá Arlen House buíoch de
Chlár na Leabhar Gaeilge
agus d'Fhoras na Gaeilge

Clár ꞏ Contents

Smuaince ar Árainn.

Úna Ní Fhaircéallaiġ, M.A.,

do scríoḃ.

Ar n-a ċur amaċ

do

Connraḋ na Gaeḋilge

i mBaile-Áṫa-Cliaṫ.

1902.

Smaointe ar Árainn

DO MHUINTIR ÁRANN

agus go háirithe

DO MO CHAIRDE DÍLSE IN INIS MEÁIN

i ndilchuimhne

ar na laetha sona aoibhne a chaitheas ina measc

is ea

a dhéanaim an leabhar beag seo a thairiscint

I Mí na Nollag 1902, foilsíodh an dialann taistil, *Smaointe ar Árainn*, ó pheann Úna Ní Fhaircheallaigh, bliain tar éis di a bheith curtha i gcló den chéad uair mar shraith in *An Claidheamh Soluis*, nuachtán dátheangach Chonradh na Gaeilge.[1] Bhí Ní Fhaircheallaigh (1874–1951) ocht mbliana is fiche d'aois ag an tráth sin agus ba mhúinteoir Gaeilge i mBaile Átha Cliath í. Bhain sí céim M.A. amach sa Ghaeilge ón Ollscoil Ríoga tamall gearr roimhe sin (ba í an chéad bhean a thug faoin ábhar sin don chéim mháistreachta í), agus ba í an chéad bhanúrscéalaí sa Ghaeilge freisin í, óir foilsíodh a húrscéilín *Grádh agus Crádh* sa bhliain 1901.

Ó bhí sí ina déagóir, thapaigh sí na deiseanna úra a bhí tagtha chun cinn do mhná na hÉireann: ba í an cailín ba theanntásaí san 'Irish Fireside Club' í, cumann an náisiúnachais chultúrtha do pháistí na tíre a bhí ceangailte leis an *Weekly Freeman*; nuair a bhí sí sna fichidí luatha, scríobhadh sí colún rialta don *Anglo-Celt* i gContae an Chabháin, an t-aon bhean a bhí mar cholúnaí ag an nuachtán sin.[2]

Chomh luath is a fuair sí maoin dá cuid féin, chláraigh sí mar iníon léinn ollscoile i gColáiste Mhuire, Baile Átha Cliath, in ainneoin dhrogall a máthar, agus d'iarr sí ar Phríomhoide an Choláiste múinteoir Gaeilge a earcú ionas go mbeadh sí ábalta staidéar a dhéanamh ar an nGaeilge mar ábhar léinn. Eoin Mac Néill, leasuachtarán Chonradh na Gaeilge, a roghnaíodh mar mhúinteoir agus mhol Ní Fhaircheallaigh d'iníonacha léinn ó choláistí eile na mban i mBaile Átha Cliath freastal a dhéanamh ar ranganna Mhic Néill ina teannta.[3] Ar an gcaoi sin, bhailigh grúpa beag de mhná éirimiúla, meánaicmeacha le chéile, a bhí gafa leis an náisiúnachas cultúrtha, Máire Ní Chinnéide agus Máire de Buitléir ina measc: mná a mbeadh róil thábhachtacha acu sa Chonradh féin agus i ngluaiseacht na hathbheochana mar dhaoine liteartha, mar oideachasóirí agus mar dhíograiseoirí teanga, go ceann fiche bliain ina dhiaidh sin.

Le linn thréimhse an *fin de siècle* a d'eascair ré nua i ngluaiseacht an náisiúnachais in Éirinn. Measann staraithe áirithe go bhfuair an náisiúnachas cultúrtha an ceann is fearr ar an bpolaitíocht pharlaiminteach mar gheall ar an scoilt achrannach a tharla i bPáirtí Parlaiminteach na hÉireann, a bhain le hiompar Parnell. Áitíonn Brian Ó Conchubhair ina shaothar úr *Fin de Siècle na Gaeilge* áfach, nach raibh sa scoilt sin ach ceann amháin de na tionchair éagsúla a threoraigh muintir na hÉireann i dtreo an náisiúnachais chultúrtha.[4] Ó bhí teanga agus cultúr na Gaeilge nasctha go dlúth leis an náisiúnachas cultúrtha, léirigh scoláirí agus ealaíontóirí na linne sin spéis úr iontu siúd, agus mealladh iad i dtreo áiteanna iargúlta, scoite amach ón ngnáthphobal, a raibh ceangail fós acu le traidisiúin ársa na nGael. Mar léiriú air seo, i rith shamhradh na bliana 1898, d'imigh Pádraig Mac Piarais agus J.M. Synge go hOileáin Árann den chéad uair, neamhspleách ar a chéile, agus ghlac siad páirt i saol laethúil na nOileán. Rinne an bheirt fhear cur síos agus ceiliúradh ar shuáilcí na nOileán: dhírigh Mac

Piarais ar Inis Mór, an áit ar fhan sé ar a chéad chuairt; rinne Synge cur síos ar Inis Meáin thar aon oileán eile. Chuaigh Ní Fhaircheallaigh go hOileáin Árann an samhradh céanna, cé gur beag duine atá ar an eolas faoina cuairt, agus d'fhan sí sa teach iascaire a d'fhág Synge díreach roimpi, a raibh 'An Ollscoil' mar leasainm air.[5]

Faoin am sin, bhí an dara bliain dá cúrsa ollscoile i gColáiste Mhuire críochnaithe aici agus shocraigh Eoin Mac Néill a cuairt go hInis Meáin di, le cinntiú go gcuirfeadh sí feabhas ar a cuid Gaeilge. D'fhill sí ar Inis Meáin cúig shamhradh i ndiaidh a chéile, d'fhoghlaim sí an Ghaeilge ann agus rinne sí taifead ar na nithe a thit amach ar an oileán fad is a bhí sí ann, a ndéanfadh sí trácht orthu in *Smaointe ar Árainn*. Tá an léargas a thugann an dialann taistil seo ar mhná is ar pháistí Inis Meáin níos tábhachtaí ná caighdeán is saibhreas na teanga inti, agus ní fhaightear léargas den chineál seo i scríbhinní Mhic Phiarais ná Synge agus iad ag trácht ar Oileáin Árann. Tugann an cháipéis seo spléachadh suntasach ar aidhmeanna agus ar mhianta Ní Fhaircheallaigh agus Chonradh na Gaeilge leis: tugann sí ardán don údar chun a tuairimí maidir leis an gcomhionannas inscne a chur chun cinn; déanann sí cur síos ar *modus operandi* Chonradh na Gaeilge chun a idé-eolaíocht a scaipeadh ar an oileán; agus taispeánann sí an chaoi ar ghlac na hoileánaigh le smaointeachas 'Éire-Éireannach' lucht na hathbheochana.

I lár an naoú haois déag a mealladh Sasanaigh agus Angla-Éireannaigh ardaicmeacha, idir chuairteoirí agus scoláirí, chuig Oileáin Árann.[6] Tháinig forbairt ar ghnó na turasóireachta i ndiaidh na bliana 1851, nuair a osclaíodh an 'Great Western Railway', a d'fhág an t-aistear ó Bhaile Átha Cliath go Gaillimh ní b'fhusa.

Ach sheol na daoine ardaicmeacha seo ó Ghaillimh go hÁrainn ina mbáid féin, seachas curacha na n-oileánach a úsáid mar mhodh taistil, óir bhí siad siúd 'unsafe and unseaworthy' de réir tuairisce.[7] Chuaigh scoláirí Éireannacha agus Eorpacha mór le rá, eitneagrafaithe agus luibheolaithe ina measc, chun na n-oileán, cuid mhaith acu ar mholadh an Dr William Wilde, athair Oscar Wilde, a bhí an-tógtha le saibhreas seandálaíochta na n-oileán.[8] Mheas scoláirí agus ealaíontóirí fearacht Samuel Ferguson, George Petrie, Heinrich Zimmer, Holger Pedersen agus Kuno Meyer go raibh buanna éagsúla ag baint le hOileáin Árann nach raibh ag baint leis an mórthír: áiteanna beaga, teoranta a bhí iontu, scoite amach ón ngnáthphobal i lár an aigéin Atlantaigh, agus ba chosúil go raibh siad slán ón gcoilíneachas. Bhí sé ní b'fhusa staidéar a dhéanamh ar ghnéithe de na hoileáin ná ar áiteanna ar an míntír mar síleadh nach raibh baint mhór ag muintir Árann leis an domhan amuigh: níor phós muintir na nOileán daoine ón míntír go rómhinic, dá bhrí sin, ní raibh na deacrachtaí céanna ag eitneagrafaithe staidéar cuimsitheach a dhéanamh ar thréithe is ar phearsantacht na n-oileánach is a bheadh acu ar an míntír.[9] Cé go raibh spéis ag na scoláirí i ngnéithe éagsúla de shaol Árann, mhol siad uilig 'íonghlaineacht' na n-oileán agus na n-oileánach, toisc nach raibh páistí neamhdhlisteanacha ná póilíní, príosún ná teach na mbocht ar na hoileáin.[10] Rinne Samuel Ferguson, file agus ársaitheoir, trácht ar na hoileánaigh mar 'pure ancient stock', agus bhí an t-ealaíontóir agus ársaitheoir, George Petrie den tuairim gur éirigh leis na hoileánaigh 'contamination' a sheachaint agus go raibh 'delightful pristine purity' ag baint lena bpearsantacht.[11] Bhain íonghlaineacht an chultúir agus na ndaoine le luachanna eolaíocha is morálta na Victeoiriach agus bhí sí an-tarraingteach do na scoláirí Gaeilge ar theastaigh uathu Gaeilge neamhthruaillithe a fhoghlaim, a bhí slán ó thionchar an Bhéarla.

Ba í an íonghlaineacht chéanna a mheall na chéad scoláirí Gaeilge agus baill de Chonradh na Gaeilge nuabhunaithe chun na n-oileán ag deireadh an naoú haois déag. Ag an tráth sin, bhí athruithe móra ag tarlú ar na hoileáin: bhí bealaí nua teagmhála cumarsáide acu leis an míntír; bhí gnó na turasóireachta méadaithe as cuimse taobh istigh de bheagán ama; tháinig feabhas ar ghnó na hiascaireachta; athraíodh nósanna cianársa na n-oileánach mar gheall ar an imirce go Meiriceá agus de thoradh thionchar na n-oileánach ag filleadh abhaile ó Mheiriceá.[12] In áit ceiliúradh a dhéanamh ar ilghnéitheacht an chultúir nua, mheas baill de Chonradh na Gaeilge go raibh truailliú i gceist le hathruithe den chineál seo, truailliú a chuir siadsan chun cinn, d'fhéadfaí a rá, agus iad ag cothú a nósanna comhaimseartha féin i measc na n-oileánach. Bhainidís úsáid as meafair tinnis fearacht 'cancer', 'infection' agus 'disease' chun cur síos a dhéanamh ar thionchar an Ghalldaithe in Éirinn. In *Smaointe ar Árainn*, tugann Ní Fhaircheallaigh, le fios go raibh 'galar' an Ghalldachais tagtha chomh fada siar leis an gCladach i nGaillimh, áit a ndeachaigh báid Árann i dtír. Bhí Rí an Chladaigh, siombail thábhachtach den seanchultúr Gaelach, i dTeach na mBocht, áit a bhain go dlúth le riarthóireacht Shasana in Éirinn agus bhí céim síos tugtha do na Gaeil ann. Dá bhrí sin, mheas Ní Fhaircheallaigh go mba chóir chuile iarracht a dhéanamh chun na hOileáin Árann a chosaint ó thionchar an Ghalldaithe, mar samhlaíodh nach raibh fágtha den chultúr ársa Gaelach ach iad.

De réir bhunreacht Chonradh na Gaeilge, ba é 'buanughadh na Gaedilge mar theanga dhúthchais i nÉirinn agus a leathadh i measg daoine mar urlabhra choithcheann' príomhaidhm an Chonartha.[13] Bhí rian láidir den chaomhnaitheacht le feiceáil i bpolasaí an Chonartha i dtaobh Oileáin Árann. D'impigh baill den Chonradh ar mhuintir na n-oileán sin fanacht sa bhaile in áit dul ar imirce ar mhaithe leis an áit a choinneáil slán ó thionchair na hiasachta agus rinne siad iarracht ardú meanman a thabhairt do na hoileánaigh ionas go mbeidís bródúil as a n-oidhreacht Ghaelach.[14] Ach theastaigh uathu cur leis an íonghlaineacht agus *modus operandi* an Chonartha a chur i bhfeidhm ar shaol sóisialta is ar oideachas na n-oileánach. Cuireadh craobhacha, feiseanna, aeraíochtaí is ranganna ar siúl inar fhoghlaim na hoileánaigh scríobh is léamh na Gaeilge. Trí na himeachtaí sóisialta seo, a raibh baint mhór ag Ní Fhaircheallaigh leo, chuir na conraitheoirí an Ghaeilge agus an cultúr Gaelach chun cinn, chomh maith le cothromaíocht inscne agus coincheap an chomhoibrithe; ach cruthaíodh aicmíocht úr ar na hoileáin agus na conraitheoirí meánaicmeacha is ardaicmeacha ann.

Feictear an deighilt aicmíochta idir na conraitheoirí agus na hoileánaigh sa chuntas rómánsúil a thugann Máire de Buitléir ar phicnic na gconraitheoirí i nDún Chonchubhair, Inis Meáin, in Iúil na bliana 1900:

The skies overhead as blue as the ocean stretching away at our feet for it is a perfect summer's day … On the floor of the Dún Pádraic Pearse is talking in his earnest way to another 'worker in the cause' … My sister and I are perched on the topmost wall of the Dún and nearest us are Úna Ní Fhaircheallaigh, Thomas Concannon and Eamon O'Neill … My sister is concentrating all her attention in the effort of following 'Tomás Bán's' outpourings in Irish for the recreation of a new Irish-

Ireland and in listening to the less animated but equally intense [outpourings] of Eamon O'Neill who speaks with a poet's tongue of our dreams and strivings ... 'Nothing is true but dreams', I murmur half under my breath for it is a heresy among some Gaelic Leaguers to quote Yeats. But Eamon O'Neill does not dub me as a heretic because I admire other literature as well as Gaelic and he acquiesces repeating – 'Nothing is true but dreams'.

'If they are not true then we must make them come true', says Úna Ní Fhaircheallaigh quietly ... 'Yes', joins in Dr. O'Hickey. 'We so-called dreaming Gaelic Leaguers are the only practical people in Ireland to-day'.[15]

Nuair a chuaigh an ghrian faoi, mhol Ní Fhaircheallaigh dá cairde go raibh sé in am suipéir agus leag sí 'a great white cloth on the short grass and we all sat round enjoying the excellent roast mutton, ham, and a giant fruit tart'.[16] Tugann an íomhá bheo seo de chonraitheoirí i mbun féastaíochta léiriú ar an bhfáth ar thaitin Inis Meáin go mór le turasóirí teanga ag casadh an chéid. Thug siad leo chuile rud a bhí ag teastáil uathu chun saol compordach a chaitheamh ann seachas a bheith ag brath ar ghnáthbhia an oileáin. Thug Ní Fhaircheallaigh a caifephota ón bhFrainc agus caife léi toisc nach raibh a leithéid ar fáil ar an oileán: i gcomparáid leis seo, ní raibh le hól ag na hoileánaigh ach bláthach agus tae gan bhainne.[17]

Ó dheireadh na 1880í, nuair a d'éirigh sé ní b'fhusa do chuairteoirí ón míntír Oileáin Árann a bhaint amach, scríobh údair éagsúla ailt faoin saol ar na hoileáin, agus d'úsáid cuid acu an timpeallacht fhiáin Atlantach mar chúlra dá saothair. Rinne an tAthair Eoghan Ó Gramhnaigh, bunaitheoir Chonradh na Gaeilge, taifead ar a thurais féin go hInis Meáin i sraith a cuireadh i gcló in *Irisleabhar na Gaedhilge*, sa bhliain 1889.[18] Scríobh Mary Banim *Here and There Through Ireland*, sraith a foilsíodh sa *Weekly Freeman* sa bhliain

1890, ina ndearna sí cur síos ar a cuairt chuig Oileáin Árann.[19] Dhá bhliain ina dhiaidh sin, foilsíodh *Grania: the Story of an Island*, ó pheann an scríbhneora Angla-Éireannaigh, Emily Lawless, ina bhfuil an príomhcharachtar múnlaithe ag agus ceangailte go dlúth lena hoileán dúchais.[20] In ainneoin fhicsean an leabhair seo, ar glaodh 'a rare proto-feminist gem' air, tugann sé léargas cuimsitheach ar chultúr is nósanna Inis Meáin mar a chonaic Lawless iad.[21] Go luath sa bhliain 1901, d'fhoilsigh an Catholic Truth Society paimfléad dar teideal *The Arran Islands*, ó pheann Richard J. Kelly, a dhírigh ar ghnéithe stairiúla is seandálaíocha de na hoileáin.[22] I dtaobh struchtúr *Smaointe ar Árainn*, tagann sé faoi thionchar chuntas Uí Ghramhnaigh ach go háirithe; ach theastaigh ó Ní Fhaircheallaigh cuntas a thabhairt ar an dul chun cinn a bhí déanta ar an oileán ag a comhghleacaithe sa Chonradh chomh maith le léiriú a thabhairt ar an gcultúr Gaelach, agus thapaigh sí an deis aidhmeanna an Chonartha a chur chun cinn ann fosta.

Faoin am go raibh neart Gaeilge ag Ní Fhaircheallaigh chun tabhairt faoin saothar *Smaointe ar Árainn*, bhí Coiste na bhFoilseachán, fochoiste den Chonradh, tagtha ar an saol agus é mar aidhm aige ábhar léitheoireachta agus litríochta a chur ar fáil as Gaeilge, toisc nach raibh ach corrleabhar as Gaeilge ag an tráth sin. I mbunreacht an Chonartha, bhí cothú na litríochta Gaeilge beagnach chomh tábhachtach céanna le cothú na teanga labhartha.[23] Dá bhrí sin, moladh do scríbhneoirí fearacht Ní Fhaircheallaigh ábhar a sholáthar le cur i gcló, agus ar an mbealach sin a foilsíodh a dialann taistil. Tá réimse teanga Ní Fhaircheallaigh teoranta go leor in *Smaointe ar Árainn* (ní haon ionadh é sin agus gan í ag foghlaim na Gaeilge ach le cúig bliana nuair a scríobh sí é), rud a chuireann srian lena hinsint agus nach ligeann di ach íomhánna simplí a chruthú. Tá tionchar ag an gcumas teoranta teanga seo ar an gcuma scaoilte atá ar an téacs. Ní smaointe machnamhacha iad seo, ach smaointe a fhreagraíonn dá timpeallacht láithreach, agus tá cuid díobh cosúil le hiontrálacha gearra dialainne. Mar sin féin, tugann an saothar seo léargas neamhghnách ar chultúr seanársa, taobh le traidisiúin nuachumtha agus le modhanna úra oideachasúla a bhain le Conradh na Gaeilge.

Bhraith go leor díograiseoirí teanga a thug cuairt ar Oileáin Árann ag casadh an chéid go raibh rómánsachas agus osréalachas ag baint leis na hOileáin, le hInis Meáin i rith an tsamhraidh, ach go háirithe. Mhaígh Ní Fhaircheallaigh blianta ina dhiaidh sin go raibh a céad aistear go hInis Meáin 'like entering a foreign land', óir bhí an áit an-difriúil ón míntír a raibh taithí aici uirthi.[24] In *Smaointe ar Árainn*, léiríonn sí an t-iontas a bhí uirthi nuair a d'fhág sí na Gaill agus a gcuid nósanna ar an míntír agus nuair a leag sí súil ar Ghaeil na n-oileán ina gcuracha, ag fanacht chun í a thabhairt i dtír. Ní hamháin go raibh teanga dhifriúil á labhairt acu agus go raibh tábhacht ag baint leis na daoine maithe agus leis na naoimh Chríostaí ina saol, ach bhí éadaí an-éagsúil á gcaitheamh acu chomh maith le bróga seanaimseartha déanta de chraiceann na mart nár baineadh an fionnadh díobh, ar tugadh 'pampútaí' orthu.[25] I litir a scríobh Ní Fhaircheallaigh chuig a cara ollscoile Hanna Sheehy (Hanna Sheehy Skeffington mar ab fhearr aithne uirthi ina dhiaidh sin agus a sheas taobh le Ní Fhaircheallaigh i ngluaiseacht na mban ag tús an fhichiú haois), rinne sí cur síos ar an gcaoi ar fearadh fáilte roimpi nuair a d'fhill sí ar Inis Meáin den tríú huair:

My heart rose with delight when the corrach was pitched
landward on the top of a big wave and I heard the first
sound of the island Gaelic showering out welcomes and
blessings.

You should have seen that crowd, old men and old
women and children and buachaills and colleens. They
were nearly the death of me with the heartiness of their
welcome. They kissed my hand or kissed me outright –
don't be shocked – it was the old women and we formed
a long procession up the 'bohreen' to the house.[26]

Tugann litir Ní Fhaircheallaigh léargas ar an
ardurraim a thug na hoileánaigh di agus ar an
difríocht idir an fháilte Ghaelach agus an fháilte
theoranta Victeoiriach, dar léi, a raibh taithí aici féin
agus ag Hanna Sheehy uirthi. Dar ndóigh, ba mhór an
difríocht idir an chaoi rómánsach ar chuir Ní
Fhaircheallaigh síos ar na hoileáin mar áiteanna
saibhre spioradálta is cultúrtha, agus tuairiscí rialta na
nuachtán náisiúnta, a thug léargas ar bhochtaineacht is
ar fhulaingt na n-oileánach. Bádh iascairí as na
hoileáin go minic, rud coitianta a bhí sa ghorta agus
díshealbhaíodh roinnt oileánach ó am go chéile. In am
an ghátair, ní raibh an t-airgead acu le híoc as breosla
ná as móin, a thagadh isteach ó Chonamara, agus a bhí
ag teastáil don chócaireacht agus don teas sna tithe.[27]

Tar éis di samhradh amháin a chaitheamh san
'Ollscoil' ar Inis Meáin, a baile spioradálta, bheartaigh
Ní Fhaircheallaigh feabhas a chur ar shaol sóisialta na
mban ar an oileán, mar bhí aonaránacht agus na
deacrachtaí a bhain le saol na mban céanna tugtha faoi
deara aici. Chuir sí Craobh na mBan de Chonradh na
Gaeilge ar bun agus idéil an Chonartha mar chroílár
na Craoibhe. Thug J.M. Synge cur síos ar thionchar na
craoibhe i ndiaidh dó filleadh ar an oileán:

A branch of the Gaelic League has been started here since
my last visit, and every Sunday afternoon three little girls

walk through the village ringing a shrill hand-bell, as a signal that the women's meeting is to be held – here it would be useless to fix an hour, as the hours are not recognised.

Soon afterwards bands of girls – of all ages from five to twenty-five – begin to troop down to the schoolhouse in their reddest Sunday petticoats. It is remarkable that these young women are willing to spend their one afternoon of freedom in laborious studies of orthography for no reason but a vague reverence for the Gaelic. It is true that they owe this reverence, or most of it, to the influence of some recent visitors, yet the fact that they feel such an influence so keenly is itself of interest.[28]

Tugann Ní Fhaircheallaigh 'Craobh na mBan' ar chaibidil faoi leith in *Smaointe ar Árainn*, ina ndéanann sí cur síos ar an gcraobh a bhunaigh sí i Lúnasa na bliana 1899, bliain i ndiaidh do Chraobhacha na bhfear den Chonradh a bheith tagtha ar an bhfód ar Inis Mór agus ar Inis Meáin.[29] Ní raibh a leithéid de rud agus caitheamh aimsire ag na mná roimhe sin: chaith siad a gcuid ama ag sníomhachán, ag cniotáil, ag baint carraigín, ag baint na mbarr, ag iompar uisce ón tobar don chócaireacht agus ag tabhairt aire dá bpáistí is dá bhfir chéile.[30] In *Smaointe ar Árainn*, maíonn Ní Fhaircheallaigh gur bheartaigh bean amháin go mbeadh 'craobh againn anois dúinn féin gan buíochas do na fir'. Ansin, de réir thuairisc Ní Fhaircheallaigh, d'fhreagair na mná eile í: '"Beidh, le cúnamh Dé," a dúradar uile d'aon ghuth'. Úsáideann Ní Fhaircheallaigh an téarma 'd'aon ghuth' mar leagann sé béim ar aontacht na mban, rud a bhain go dlúth le smaointeachas Chonradh na Gaeilge. Ach ba í Ní Fhaircheallaigh féin, a raibh spéis mhór aici i gcothromaíocht inscne sa chóras oideachais, a chuir tús leis an gcraobh.[31] Ag oscailt oifigiúil Chraobh na mBan, rinne sí óráid agus leag sí béim ar ról, ar chumhacht is ar mhórmheanma na mban Éireannach i stair na tíre, agus í ag tabhairt seasamh aontaithe na mban i Luimneach sa seachtú haois déag mar shampla dá lucht féachana, nuair a dhíbir mná na cathrach sin a naimhde Sasanacha as an gcathair.[32] Bhain sí leas as an léiriú seo ar dhlúthpháirtíocht na mban ar mhaithe le cumhacht na mban a shoiléiriú agus misneach a thabhairt dóibh agus iad ag feidhmiú mar chaomhnóirí an chultúir Ghaelaigh ó thionchar na nGall.

Bhí cur chun cinn an oideachais i measc na mban ar Inis Meáin mar phríomhaidhm ag Ní Fhaircheallaigh. Cé go raibh Gaeilge ón gcliabhán ag mná an oileáin, bhí 55% díobh neamhliteartha de réir dhaonáireamh 1891. Bhí an céatadán seo i bhfad ní b'airde ná an céatadán de mhná neamhliteartha sna hoileáin eile; ach bhí fir Inis Meáin ní ba liteartha ná fir Inis Mór.[33] Ceann de na rudaí ba thúisce a rinne Craobh Aighnéas Ní Fhaircheallaigh, mar a tugadh ar Chraobh na mBan, ná ranganna léitheoireachta agus scríbhneoireachta a chur ar siúl do na mná chuile Dhomhnach.[34] Dar ndóigh, as na mná a raibh léamh agus scríobh an Bhéarla acu, ba bheag bean a raibh léamh agus scríobh na Gaeilge aici óir níor múineadh an Ghaeilge taobh istigh den ghnátham bunscoile.[35] Tuairiscíodh roimh i bhfad in *An Claidheamh Soluis* '[that] the girls all seemed anxious to learn the native language. It was surprising to see how well they wrote the Irish copies set'.[36] Tugann Ní Fhaircheallaigh léargas ar dhíograis is ar chíocras léinn na mban, fiú nuair a bhí cúraimí eile orthu. In *Smaointe ar Árainn*, maíonn sí: 'is minic a casadh bean orm, naíonán aici ar a baclainn, agus leabhrán Gaeilge aici á léamh ag dul go dtí an tobar'. Tríd an gcraobh seo, chuir sí cuid mhaith dá hidéil chun cinn: an Ghaeilge, aontacht na ndaoine, agus thar aon ní eile, fuascailt na mban tríd an oideachas. Mar ab eol di, thug an t-oideachas cumhacht sa bhreis do mhná, óir chuir sé lena bhféinmhuinín chun páirt ghníomhach a ghlacadh sa phobal agus chuir sé scileanna úra ar fáil dóibh a ligfeadh dóibh saol sóisialta an phobail a fheabhsú. Bhí Ní Fhaircheallaigh á n-ullmhú le haghaidh ról nua na mban sa tsochaí Ghaelach. Bheadh máithreacha, a raibh léamh agus scríobh na Gaeilge acu, in ann a bpáistí a theagasc, agus nuair a chuaigh Ní Fhaircheallaigh ar cuairt chuig Inis Meáin sa bhliain 1900, scríobh sí litir chuig Eoin Mac Néill, á chur ar an eolas faoi fhorbairt agus faoi fheabhsú an oideachais ann:

> If you visit Inis Meadhon this year, I am quite sure your heart will be lifted with joy when you see the work they are doing there. Many a boy on the island is able now to read and write Irish correctly. To think that there wasn't as much as one of them capable of doing so when you began to teach Máirtín [Mac Donnchadha] eight years ago.[37]

Nuair nach raibh 'traidisiúin' le feiceáil ar Inis Meáin, chruthaigh Ní Fhaircheallaigh agus na conraitheoirí eile iad agus rinne siad iarracht iad a chur chun cinn mar chuid de chultúr ársa an oileáin. In aiste dar teideal 'The Ethnography of the Aran Islands', a foilsíodh sa bhliain 1893, thug Haddon agus Browne, beirt eitneagrafaithe, le fios go raibh na hoileánaigh 'distinctly non-musical, as is evidenced by the fact that there is no piper, fiddler or musician of any sort on the islands'.[38] Theastaigh ón gConradh dearcadh ilghnéitheach den chultúr Gaelach a bhrú chun tosaigh, áfach, agus cuireadh comórtais amhránaíochta ar bun ann agus tugadh cuireadh do phíobairí Chonamara chuig ócáidí speisialta ar na hoileáin.[39] Reáchtáladh an Fheis (1900) agus Aeraíocht (1902) ar Inis Meáin, a ndéanann Ní Fhaircheallaigh trácht orthu in *Smaointe ar Árainn*, agus traidisiúin nuachumtha a bhí iontu siúd chun idéil an Chonartha a chraobhscaoileadh.

Ghlac na conraitheoirí leis an tuairim '[that] [t]he fact of seeing well-dressed, educated men and women coming a great distance to join in Irish competitions has already proved itself a great influence amongst the poorer people', ráiteas a shoiléiríonn an éagothroime aicmíochta idir na hoileánaigh agus na conraitheoirí ach a thugann léiriú ar mhodh na gconraitheoirí chun bród cultúrtha a chur chun cinn i measc na bpobal Gaeltachta.[40] Mhaígh Haddon agus Browne gurbh iad 'the well-attended, winter-evening tales of the *Scealuidhe*, or story-tellers, are the only *historical* entertainments of this primitive, simple and sequestered people'; ach in *Smaointe ar Árainn*, déanann Ní Fhaircheallaigh iarracht an Fheis a dhlisteanú mar chuid ársa agus dhúchasach de chultúr na nGael, cé gur bhain sé leis an saol comhaimseartha ag casadh an chéid, mar mhodh bolscaireachta leis an gcultúr Gaelach a chur chun cinn.[41]

In ainneoin ceisteanna aicmíochta, chruthaigh an Fheis aontacht i measc na ndaoine agus bronnadh luaíocht ar na daoine ba chumasaí, rud a thug spreagadh dóibh leis an gcultúr Gaelach a chothú sa chéad ghlúin eile. Cuireann Ní Fhaircheallaigh an Fheis os comhair an léitheora mar cheangal idir an aimsir chaite agus an t-am le teacht óir tugann an Fheis ardán do 'gach a mbaineann le binneas na teanga agus le cleachtadh ár sinsear anallód; gach a mbaineann le spiorad na nGael ag teacht ar ais arís chugainn, agus sinn ag dul isteach ar an bhfichiú haois den domhan!' In *The Invention of Tradition*, déanann Eric Hobsbawm cur síos ar an gcaoi a gcruthaíonn 'traidisiúin' nua, cosúil leis an bhfeis, 'continuity with a suitable historic past', rud a chuir Conradh na

Gaeilge chun cinn go minic agus é ag iarraidh údarás an chultúir ársa Ghaelaigh a chur chun cinn in Éirinn.[42] Cé nach minic a bhíonn taifead déanta ar dhearcadh na n-oileánach i dtaobh a leithéid d'ócáidí, scríobh Máirtín Mac Donnchadha, (mac mhuintir 'na hOllscoile' agus múinteoir Gaeilge J.M. Synge), litir chuig Synge a bhí i bPáras ag an am, ag insint dó: '[t]here was a great Feis in this island two weeks ago, and there was a very large attendance from the South island [Inis Oírr], and not very many from the North [Inis Mór]'.[43]

In *Smaointe ar Árainn* tá suntas ag baint le cuntais an údair ar theacht le chéile na n-oileánach, bíodh an pósadh nó an tórramh i gceist, sa mhéid is go ndéanann sí cur síos an-ghairid orthu agus iad curtha ar imeall na dialainne aici, nach mór. Bhí nósanna dá gcuid féin ag na hoileánaigh maidir leis an gcleamhnas agus leis an bpósadh, agus de réir na Banaltra Hedderman, an t-aon bhanaltra amháin ar an oileán, 'a commercial bargain' seachas 'an affair of the heart' a bhí sa phósadh ar Oileáin Árann, ráiteas a thugann le fios gur thuig na hoileánaigh tábhacht an tsaibhris, fiú mura raibh mórán airgid acu.[44] Ní dhíríonn Ní Fhaircheallaigh ar an ngné seo den phósadh, áfach; leagann sí béim ar aontacht is ar ról an phobail sa bhainis, chomh maith lena ról féin. Murab ionann is Synge, áfach, a dhéanann cur síos ar an maoithneachas drámatúil a bhain leis an gcaoineadh in *The Aran Islands*, luann Ní Fhaircheallaigh caoineadh linbh go gonta. Teastaíonn uaithi aitheantas a thabhairt don bhás, ach áitíonn sí go bhfuil sé róphianmhar di an íomhá sin a thabhairt chun cuimhne: 'Is minic a chluinimse fós fuaim an chaointe i mo chluasa – an fhuaim ba bhrónaí dár chualas riamh'. In áit a bheith ag díriú ar an mbás, cuireann sí béim ar láidreacht fhisiciúil, áilleacht is óige na n-oileánach.

Feictear go bhfuil sé deacair idirdhealú a dhéanamh idir an léiriú idé-eolaíoch a thugtar ar na hoileáin in *Smaointe ar Árainn* agus réaltacht bhunúsach an tsaoil laethúil. Tagann sé seo chun cinn freisin sna grianghraif a ghlac Ní Fhaircheallaigh lena ceamara láimhe agus na cinn a roghnaigh sí le cur i gcló ina dialann taistil, óir léiríonn siad a dearcadh féin agus dearcadh an Chonartha i dtaobh Oileáin Árann. Léiríonn grianghraif áirithe sa dialann séadchomharthaí ársa Gaelacha agus Críostaíochta, a thugann le fios go raibh stair chráifeach is Ghaelach na haimsire caite fós beo i dtimpeallacht chomhaimseartha na n-oileánach; baineann cuid de na grianghraif le himeachtaí Chonradh na Gaeilge ar Inis Meáin, a leagann béim ar an aontacht trí ghrúpaí a léiriú, ar áit agus ról na mban agus ar áit lárnach na hOllscoile ar an oileán. Tugtar le fios go bhfuil cultúr Gaelach Árann údarach agus tionsclach i ngrianghraif ar nós 'Bean ag Sníomhachán' agus 'Curach á Dhéanamh'; ach, d'fhéadfaí a rá go bhfuil cur i gcéill seachas léargas oibiachtúil ar Oileáin Árann le feiceáil sna grianghraif seo, fearacht ghrianghrafadóireacht Synge. In *The Aran Islands*, tugann Synge cuntas ar a chur chuige agus é ag glacadh grianghraif d'oileánach, agus tugann sé an méid seo a leanas le fios:

> We nearly quarrelled because he wanted me to take his photograph in his Sunday clothes from Galway, instead of his native homespuns that become him far better, though he does not like them as they seem to connect him with the primitive life of the island.[45]

Teastaíonn ó Synge agus ón oileánach íomhánna cultúrtha difriúla a dhearbhú sa ghrianghraf seo: deimhníonn 'native homespuns' an cultúr Gaelach in intinn Synge ach is ionann 'Sunday clothes from

Galway' agus measúlacht is gluaiseacht i dtreo na nua-aimsearthachta i súile an oileánaigh. Tá sé tábhachtach don bheirt acu go léireoidh an íomhá seo réaltacht an tsaoil; ach is ríléir nach ionann a dtuiscintí ar réaltacht an tsaoil ar Oileáin Árann. Ní mór é seo a chur san áireamh freisin nuair a dhéantar machnamh ar an gcaoi a gcuireann Ní Fhaircheallaigh an tOileán chun cinn ina scríbhinní agus sna grianghraif a ghlac sí nuair a bhí sí ann.

De réir tuairisce, bhí an-chaidreamh idir Ní Fhaircheallaigh agus na hoileánaigh. Mhaígh Belinda de Buitléir, deirfiúr Mháire de Buitléir, go raibh an-chion ag muintir an oileáin ar Ní Fhaircheallaigh: '[she] was wonderfully popular with the islanders, and I think this was due to the tactful way she conducted her propaganda work for the language and her love for the little children'.[46] Thacaigh *An Claidheamh Soluis* leis an dearcadh seo agus tuairiscíodh ann: '[nár] tháinig fear ná bean annso riamh a thaitnigheanns chomh mór lé muintir na h-áite'.[47] Mhúin na hoileánaigh an Ghaeilge di agus chuir siad fáilte roimpi ar an oileán agus rinne sise iarracht feabhas a chur ar shaol sóisialta na n-oileánach chomh maith le hábhar ón míntír, cosúil le leabhair, a sholáthar dóibh ó am go ham; réitigh sí go maith leis na páistí óga toisc gur thuig sí teanga idirnáisiúnta na 'milseán'. Tugann an eachtra dheireanach in *Smaointe ar Árainn*, a bhaineann le cailín óg, an léargas is fearr don léitheoir ar an gcaoi ar chuir Ní Fhaircheallaigh na hoileánaigh chun cinn. Insíonn sí gur tháinig cailín chuici nuair a bhí sí ag fágáil slán ag a cuid cairde ar Inis Meáin, chun 'Fáinne beag deas leathchaite [...] sa teaghlach acu ó na seanaimsirí anuas' a thabhairt mar bhronntanas di. Thug an cailín le fios gurbh í a máthair thinn a chuir an fáinne chuig Ní Fhaircheallaigh, agus ghabh sí a leithscéal nach raibh aon rud ní ba luachmhaire aici le tabhairt di. Níor ghlac Ní Fhaircheallaigh leis an bhfáinne toisc go raibh an teaghlach bocht, ach d'úsáid sí an eachtra seo mar shampla de 'fhlaithiúlacht na nGael', agus an cairdeas ní ba thábhachtaí ná an saibhreas don teaghlach seo. D'fhéadfaí gníomh na máthar seo a cheistiú, go háirithe agus í ag tabhairt bronntanais do bhean a bhain le haicme ní b'airde, ach an rud is tábhachtaí ná gur ghlac Ní Fhaircheallaigh leis an ngníomh mar shampla den fhlaithiúlacht seachas cuing a chuirfeadh brú uirthi aire a thabhairt don bhean bhocht ar bhealach éigin. Léirigh Ní Fhaircheallaigh nuair nár ghlac sí leis an bhfáinne, go raibh deighilt idir an cuairteoir agus an t-oileánach, aicmíocht nach bhféadfaí a shárú in ainneoin idéil neamhhaicmeacha na gconraitheoirí.

Is cáipéis shóisialta agus chultúrtha í *Smaointe ar Árainn*, a thugann spléachadh ar an saol ar Oileáin Árann ag tús an fhichiú haois ó dhearcadh an chuairteora bháúil, ach a bhfuil tuairimí beachta aici faoi theanga is chultúr na n-oileán. Téann sí i ngleic le hábhair áirithe ar bhealach caolchúiseach go leor sa dialann taistil seo; ach uaireanta eile, bíonn feidhm fhollasach na bolscaireachta aici. Mar shampla, cáineann sí seanmóir Bhéarla an tsagairt paróiste a chuala sí ar Aifreann ar Inis Meáin, toisc nár thuig na hoileánaigh an teanga sin; maíonn sí gur chuala sí fear óg ón oileán ag rá nach bpósfadh sé bean óg as Inis Meáin dá bhfeicfeadh sí í agus hata de dhéantús na hiasachta á chaitheamh aici. Agus an dialann taistil seo scríofa i dteanga shimplí, neamhgháifeach, is dócha gur shamhlaigh Ní Fhaircheallaigh í mar ábhar léitheoireachta do mhná Inis Meáin, agus iad ag foghlaim cén chaoi lena dteanga féin a léamh is a scríobh i gCraobh na mBan den Chonradh.

Cé gur ghríosaigh Ní Fhaircheallaigh mná Árann chun léamh agus scríobh na Gaeilge a fhoghlaim, is tearc an fhianaise scríofa a bhaineann lena saol. I gcomparáid leis seo, tháinig scríbhneoirí móra chun cinn i measc na chéad ghlúine eile d'fhir Árann, a rugadh i rith thréimhse na hathbheochana. Tugann Liam Ó Flaitheartha (1896–1984), cuntas searbhasach ar Oileáin Árann na hathbheochana agus ról na hEaglaise Caitlicí sna hOileáin ina úrscéal *Skerrett* a foilsíodh sa bhliain 1932. Tugann an file Máirtín Ó Direáin (1910–1988) léiriú ar shaol agus ar oidhreacht na n-oileánach fosta ina chuid dánta. D'fhéadfaí a áiteamh gur chuidigh Conradh na Gaeilge le bláthú na healaíne a bhain le hÁrainn sa mhéid is gur chuir an Conradh léamh agus scríobh na Gaeilge chun cinn i measc aithreacha is mháithreacha na n-ealaíontóirí thuasluaite. Mar is eol dúinn, thosaigh scoláirí díograiseacha na Gaeilge ag iompú i dtreo na mBlascaoidí i mblianta luatha an fhichiú haois, toisc go raibh siad ní b'iargúlta ná Oileáin Árann agus glacadh leis go raibh cultúr Gaelach ní b'íne ag baint leo dá bharr. Dá bhrí sin, b'fhéidir gurb í dírbheathaisnéis Pheig Sayers, a foilsíodh sa bhliain 1936, an cháipéis is tábhachtaí agus a thugann an léargas is fearr ar shaol na mbanoileánach, bíodh an Blascaoid Mór nó Oileáin Árann i gceist. Mar sin, cé go dtugann Ní Fhaircheallaigh cuntas an chuairteora ón taobh amuigh in *Smaointe ar Árainn*, tá tábhacht ag baint lena saothar, mar fearacht *Peig*, déanann sí taifead ar ghnéithe den chultúr ársa Gaelach agus iad ag géilleadh don saol nua-aoiseach ag tús an fhichiú haois. Is fiú go mór do dhuine an cháipéis shóisialta seo a léamh, má tá spéis ar bith aige i gcinniúint an chultúir ársa Ghaelaigh i sochaí nua-aoiseach na hÉireann.

Notaí

1   *An Claidheamh Soluis*, 21 Nollaig 1901.

2   Ríona Nic Congáil, '"Fiction, Amusement, Instruction": The Irish Fireside Club and the Educational Ideology of the Gaelic League', in *Éire-Ireland*, 44:1&2 (Earrach/Samhradh 2009): 91–117.

3   Kathleen O'Brennan, 'Dr. Agnes O'Farrelly', in *The Leader*, 19 Lúnasa 1944.

4   Brian Ó Conchubhair, *Fin de Siècle na Gaeilge: Darwin, an Athbheochan agus Smaointeoireacht na hEorpa* (Indreabhán, Co. na Gaillimhe: Cló Iar-Chonnachta, 2009), 1–11.

5   *The Gael*, Deireadh Fómhair 1901, 314.

6   *Freeman's Journal*, 7 Meán Fómhair 1857, *Freeman's Journal*, 17 Nollaig 1875; *Glasgow Herald*, 19 Lúnasa 1885.

7   *Freeman's Journal*, 23 Márta 1892.

8   *Freeman's Journal*, 7 Meán Fómhair 1857.

9   A.C. Haddon and C. R. Browne, 'The Ethnography of the Aran Islands, County Galway', in *Proceedings of the Royal Irish Academy* 2:3 (1893): 768–830; *Leeds Mercury*, 15 Eanáir 1895.

10   *Leeds Mercury*, 15 Eanáir 1895; *Belfast News-Letter*, 5 Feabhra 1896.

11   Haddon and Browne, 'The Ethnography of the Aran Islands, County Galway', 803.

12   Fraser MacHaffie, 'Facilities for Transit: the Congested Districts Board and Steamship Services', in *Irish Geography* 28.2 (1995): 91–104; *Belfast News-Letter*, 5 Feabhra 1896.

13   *Bunreacht Chonradh na Gaedhilge* (Baile Átha Cliath: Deireadh Foghmhair 1896).

14   Úna Ní Fhaircheallaigh, *An Cneamhaire* (Baile Átha Cliath: An Cló-Chumann, 1902).

15   Dame Columba Butler, *The Life of Mary E.L. Butler*, LNÉ, LS 7321.

16   *Ibid.*

17   *Ibid.*; Seán Ó Lúing, *Kuno Meyer 1858–1919: A Biography* (Dublin: Geography Publications, 1991), 7.

18   Eoghan Ó Gramhnaigh, 'Ára na Naomh', *Irisleabhar na Gaedhilge*, 3:32 (1889): 126–128.

19   *Weekly Freeman*, 6 Meán Fómhair 1890.

20   Emily Lawless, *Grania: the Story of an Island* (London: Smith, Elder & Co., 1892).

21 James M. Cahalan, *The Irish Novel: A Critical History* (Dublin: Gill and Macmillan, 1988), 82.

22 Richard J. Kelly, *The Arran Islands* (Dublin: Catholic Truth Society of Ireland, 1901).

23 *Bunreacht Chonradh na Gaedhilge* (Baile Átha Cliath: Deireadh Foghmhair 1896).

24 *The Leader*, 19 Lúnasa 1944.

25 *Leeds Mercury*, 15 Eanáir 1895; *Belfast News-Letter*, 5 Feabhra 1896.

26 Ní Fhaircheallaigh chuig Hanna Sheehy, 18 Iúil 1900. Páipéir Sheehy Skeffington, LNÉ, LS 41,177/37.

27 *Weekly Freeman*, 21 Aibreán 1894; *Freeman's Journal*, 23 Márta 1886.

28 J.M. Synge, *The Aran Islands*, ed. Tim Robinson (London: Penguin, 1992), 68.

29 *Weekly Freeman*, 20 Lúnasa 1898; *Weekly Freeman*, 27 Lúnasa 1898; *Fáinne an Lae*, 26 Samhain 1898.

30 *Belfast News-Letter*, 5 Feabhra 1896.

31 *An Claidheamh Soluis*, 12 Lúnasa 1899.

32 *Ibid.*

33 A.C. Haddon, and C. R. Browne, 'The Ethnography of the Aran Islands, County Galway', 796.

34 Máiréad Ní Chinnéide, *Máire de Buitléir: Bean Athbheochana* (Baile Átha Cliath: Comhar, 1993), 49.

35 Séamus Ó Buachalla, 'Educational Policy and the Role of the Irish Language from 1831 to 1981', *European Journal of Education*, 19:1 (1984): 75.

36 *An Claidheamh Soluis*, 19 Lúnasa 1899.

37 Ní Fhaircheallaigh chuig Eoin Mac Néill, 14 Lúnasa 1900. Páipéir Mhic Néill, LNÉ, LS 10,882.

38 A.C. Haddon and C. R. Browne, 'The Ethnography of the Aran Islands, County Galway', 800.

39 Ní Fhaircheallaigh chuig Hanna Sheehy, 18 Iúil 1900, Páipéir Sheehy Skeffington, LNÉ, LS 41,177/37.

40 Muiris Ua Dubhda, 'For the Purpose of Promoting Irish' in *The Annual Report of the Gaelic League 1901–2 and Proceedings of the Árd-Fheis, 1902* (Dublin: The Gaelic League, 1902), 92.

41 A.C. Haddon and C.R. Browne, 'The Ethnography of the Aran Islands, County Galway', 302.

42   Eric Hobsbawm and Terence Ranger (eds), *The Invention of Tradition* (Cambridge: Cambridge University Press, 2003), 1.

43   Synge, *The Aran Islands*, 77–8.

44   B.N. Hedderman *Glimpses Of My Life In Aran: some experiences of a district nurse in these remote islands off the west coast of Ireland, Part I* (Bristol: John Wright, 1917), 100.

45   Synge, *The Aran Islands*, 85.

46   Mère Columba Butler O.S.B., 'Agnes O'Farrelly and Aran: Some Memoirs', in *The Capuchin Annual*, 1952, 476.

47   *An Claidheamh Soluis*, 15 Iúil 1899.

Níl sa leabhar beag seo ach amháin smaointe fánacha ar Árainn agus ar a muintir agus fós ar bheagán dár thit amach le mo linn i measc Ghaeil na n-oileán uaigneach ársa úd san fharraige thiar. Níor chuireas romham léirchuntas ná tuairisc iomlán a thabhairt ar na hoileáin ná fós ar a n-áititheoirí ins an tseanaimsir, ná san aimsir atá ann faoi láthair ach an oiread.

Cuireadh an chuid is mó den leabhar i gcló cheana. Tá formhór de le fáil sa *Claidheamh Soluis*, Uimhir na Nollag, 1901. An chaibidil ar a dtugtar 'Aeraíocht Inis Meáin' is féidir, mar an gcéanna, a feiscint sa *Claidheamh*, Lúnasa 30, 1902. Maidir le 'Lá an Phátrúin' agus 'Lá na Feise' scríobhtar agus cuirtear i gcló as an nua den chuairt seo iad.

Baile Átha Cliath
20 Samhain 1902

Dá mbéinn-se amuigh i nÁrainn,
Nó i ngar do Ghleann na Séad
Mar a ngluaiseann gach sár-long.

Ní raibh aithne agam ar na fíor-Ghaeil go dtí an chéad uair a chuas thar an tSionainn siar, suas le trí bliana ó shin. Is fíor é sin, go deimhin féin, cé gur shíleas riamh gurb Éireannach mé féin, agus fós gach duine de mo sheacht sinsir romham.

Cill Rónáin in Árainn Mhór

I ndúthaigh an Bhéarla, déanaimid ár ndícheall chun a bheith inár nÉireannaigh, ach, ar chuma éigin, ní thuigimid sa cheart an tslí chuige sin. Ins na ceantair ar fud na hÉireann nach raibh an Ghaeilge beo iontu lenár linn, ní abraim nach bhfuil teasghrá ag na daoine dá dtír. Tá gan amhras, agus b'fhéidir níos mó go minic ná mar atá ag na Gaeilgeoirí féin. Ach is amhlaidh don scéal ná go bhfuil smaointe agus gnásanna na nGall ár milleadh gan fhios dúinn ina leithéidí sin d'áiteanna. Tháinig na drochghnásanna sin agus eile isteach chugainn leis an teanga choigríche; agus, mar sin de, ní orainn atá an milleán go díreach, ach ar na daoine a tháinig romhainn.

Pé scéal é, rinneas-sa amach na fíor-Ghaeil, tá tuairim is trí bliana ó shin ann, agus is amhlaidh a tharla. Ar rochtain na Gaillimhe dom lá i mí Lúnasa timpeall meán lae, bhuaileas amach faoin gCladach. Ba é an chéad bhlas dá bhfuaireas den teanga ná beirt bhaniascaire ag báirseacht lena chéile ag doirse a dtithe. B'fhéidir nár cheart dom é, ach ar a shon sin féin, chuir sé áthas mo chroí orm a bheith ag éisteacht leo – chuir, go deimhin. 'Nach maith an rud é clampar féin a chloisint i dteanga na tíre?' a dúras liom féin gion gur thuigeas fiú an fhocail dá raibh ar siúl eatarthu. Díreach mar fhíon do dhuine gan neart nó mar uisce do dheoraí san fhásach ba ea fuaim na Gaeilge domsa an lá sin.

Sa deireadh, nuair a d'éiríodar tuirseach ó bheith ag gabháil d'fhocail lena chéile, agus iad gan gíog ná míog astu, d'fhágas i mo dhiaidh iad agus seo ar aghaidh mé chun na duirlinge.

Bhí scata páistí ar an ngaineamh cois na farraige agus iad ag bailiú mion-nithe – blúiríní adhmaid, agus a lán nithe eile dá leithéid a rug an tuile isteach léi. Ní raibh an oiread Gaeilge agam agus gurbh fhéidir liom caint a dhéanamh leo ach bhí milseáin agam i mo phóca, agus ní baol nár thuigeadar iadsan. Thuigeadar go rímhaith, agus níorbh fhada go raibh oiread is fiche páiste i mo thimpeall agus iad go léir ag breathnú orm le hiontas.

Bhíodar cúthail i dtosach, ach i gceann tamaillín chaitheadar an faitíos uathu agus mhíníodar dom i mBéarla briste gach rud dár fhiafraíos díobh.

Chuartaíos an Cladach ar fad agus na páistí le mo thaobh nó i mo dhiaidh.

'Cá bhfuil an Rí?' arsa mise.

'I dTeach na mBocht', arsa duine acu.

Dún Aonghusa

'I dTeach na mBocht! An mar sin a bhíos sibh ag tabhairt onóra don Rí?' arsa mise.

'Ní hea', a dúirt gearrchaile beag bídeach, 'ach tá go bhfuilimid róbhocht chun a choinneáil suas. Mar sin féin, bímid ag déanamh ár ndíchill. Cuireadh mise chuige an Domhnach seo a ghabh tharainn le ceathrú puint tobac agus gráinnín tae agus an Domhnach seo chugainn cuirfear ruidín blasta éigin eile isteach chuige'.

'Is aisteach é croí an duine', a dúras liom féin, 'agus is aistí fós é béaloideas na nGael'.

Chaitheas mórchuid den lá mar sin ag bualadh anonn is anall i gcomharsanacht na Gaillimhe, ach, an lá ina dhiaidh sin, d'fhágas an tseanchathair ar mo chúl agus bhíos amuigh ar an bhfarraige mhór ag déanamh ar Árainn na Naomh – ag imeacht agus ag dianimeacht dúinn gur fhágamar Ceann Boirne taobh theas dínn inár ndiaidh, agus go bhfacamar oileáin Chonamara os ár gcomhair. Faoi dheireadh, chonaiceas, mar a mheasfadh duine, míol mór ag ardú a dhroma as na tonnta – míol mór liath a déarfá gurbh ea é – agus níorbh fhada gur éirigh ceann eile ar an nós céanna agus tar éis scaithimh bhig an treas ceann.

Ach anois ghabhadar uile a mhalairt de chruth, gurbh amhlaidh a bhíodar ná cosúlacht cloiche móire ag teacht ar gach ceann díobh. Bhíodar ag dul i méid ó nóiméad go nóiméad: ba iad Oileáin Árann a bhí ann! Ag tarraingt i ngar dóibh, ba dheacair d'éinneach a mheas go bhfuil daoine, agus a lán daoine freisin, ina gcónaí orthu. Ba dheacair a mheas go bhfuil slí bheatha do dhuine nó d'fheithid le fáil ina leithéid sin d'áit gharbh chlochmhar. Níorbh fhada, ámh, go dtáinig cúig churach amach ó cheann de na hoileáin. Stad an long ghaile bheag ar a rabhas go dtángadar suas linn, na foirne iontu ag coimhlint lena chéile ag féachaint cé acu a bheadh in ann a gcuid earraí a chur ar bord i dtosach.

Ag breathnú i mo thimpeall dom, shíleas gur tharla dom ar dhomhan eile – flainín nó éadach olla gorm ar na fir agus flainín dearg ar na mná a bhí ina suí i ndeireadh na gcurach; bróga orthu de chraiceann mart nár baineadh an fionnadh de, ach é ar a gcosa díreach mar a d'fhás sé ar na beithígh; agus, rud níos aistí go fóill, teanga nua á labhairt ar gach taobh díom – agus a rá gurbh í sin teanga mo shinsear agus mise mar eachtrannach gan eolas agam uirthi ná ar shean-nósanna mo thíre féin. Cé air a bhfuil a mhilleán? Ormsa nó ar na daoine a tháinig romham! Gach ní dár thit amach anseo, b'amhlaidh beagnach mar an gcéanna a thit amach i ngar don dara hoileán, agus faoi dheireadh thiar thall, rángamar cuan agus caladh in Árainn Mhór, an t-oileán is mó agus is saibhre d'Oileáin Árann; ach, dar ndóigh, ní hionann sin agus a rá go bhfuil saibhreas an tsaoil seo le fáil in oileán ar bith acu. Ní hionann, maise; ach ina leaba sin, is é ba cheart a rá, nach bhfuil an oiread céanna de dhochar agus de bhochtanas ag luí agus ag goilliúint ar mhuintir an oileáin seo agus atá ar na daoine gaoil acu sna hoileáin eile.

Is iomaí reilig agus seanteampall atá le feiscint i measc na gcarraigeacha anseo agus ansiúd, agus deir an seanrá nach gcomhairfear go Lá an Luain an dream naofa líonmhar atá curtha i gcréafóg Árann. Is cinnte, gan amhras, nach deacair sin a chreidiúint.

Teampall Bheanain

Ní imeoidh as mo chuimhne go deo an aimsir a chaitheas ag na Seacht dTeampall. Reilig bheag shuarach in iarthar Árann Móire agus láithreacha le feiscint ar gach taobh ann – sin é mar atá na Seacht dTeampall anois, ach bhí a lá féin acu tamall. Gleanntán úr an áit a bhfuil siad, an féar ag fás ann go glas, agus gan ach carraigeacha ina aice. Ins an áit bheannaithe sin níl aon rud níos ársa, a deir siad, ná na seacht n-uaigh chúnga atá sa chúinne thuaidh den reilig. SEPTEM ROMANI! Ach an méid sin amháin níl rud ar bith le fáil ná le feiscint ar an leac bheag atá os cionn na n-uaigheanna sin, agus dúradh liom sa chomharsanacht gurb é as gnáthchuimhne i measc na ndaoine lenár linn, gur seacht naomh eachtrannacha a tháinig ón Róimh sa tseanaimsir atá leagtha faoin bhfód ann. Arú! Nach uaigneach an t-oileán é i bhfad óna dtír agus óna muintir féin a fuaireadar amach as ucht foilsiú agus treorú Dé; agus nach uaigneach í an áit chúng seo chun a bheith ag feitheamh leis an Aiséirí ann go broinne an bhrátha!

Ins an Reilig

Ar léamh na mionfhocal úd ina dteanga féin dom, bhí na deora faoi mo shúile; ach d'éiríos i mo sheasamh agus bhreathnaíos amach ar an bhfarraige mhór – an fharraige chéanna gan athrach gan chlaochlú ar a mbreathnaíodh na SEPTEM ROMANI anallód – agus d'airíos í go mór millteach gan chríoch gan teorainn; na tonnta ag pléascadh agus ag briseadh ar an trá díreach mar a bhídís agus mar atá siad ar feadh na gcéadta agus na mílte de bhlianta.

Chualas síon na gaoithe agus í ag súgradh leis na lannaí agus d'airíos na bruthanna ag léimnigh suas ina haghaidh. Anseo tamall agus de shíor ansiúd: – sin é siosma na gaoithe aduaidh agus sin é arís cogarnach na dtonnta amuigh faoin muir gan chríoch. D'éisteas leo go ceann i bhfad agus thuigeas, dar liom, ceist na n-uaigheanna ag mo chosa.

Inis Meáin

Ar bharr toinne a chuaigh an curach ina rabhas-sa i dtír in Inis Meáin. Bhí a lán daoine ar an gCaladh Mór chun cúnamh a thabhairt dúinn. Bhí Páidín féin ann – Páidín Mac Donncha, fear na hOllscoile Gaeilge; agus, ag fáscadh láimhe liom, chuir sé fáilte romham go hInis Meáin. Rug sé leis suas an bóithrín mé, agus é ag caint agus ag síorchaint i nGaeilge, ag taispeánadh na seantobar agus eile dom.

Oidí na hOllscoile

Ní gá a rá gur cailleadh ormsa an Ghaeilge bhlasta úd agus mé ag briseadh mo chos ar na clocha géara, gan fiú an fhocail as mo bhéal. Faoi dheireadh rángamar an Ollscoil féin, teach atá suite scaitheamh beag amach ó na tithe eile agus sráidín ina thimpeall.

'Cúig chéad míle fáilte romhat', arsa Bríd agus í ina seasamh sa doras. 'An bhfuil tú tuirseach?'

Thuigeas a ndúirt sí ach níor tháinig liom freagairt uirthi as Gaeilge. Isteach liom sa tigh, an teach céanna ar fhoghlaim an tAthair Eoghan Ó Gramhna – beannacht Dé lena anam! – an tseanteanga ann, agus d'airíos go rabhas ag baile dáiríre sa deireadh. Bhíos gan amhras, agus ní miste a rá gurbh an-sásta mise dá dhroim.

Tháinig na comharsana ar céilí chugainn an tráthnóna sin agus chroith gach duine acu lámh liom agus cé nár thuigeas a ndúradar, bhí a fhios agam go maith gurbh í fáilte na nGael a bhí á cur romham acu. Thosaíodar ar sheanscéalta agus ar bhéalaithris a insint. Bhíos-sa i mo shuí i gceartlár na cistine ag déanamh iontais de ghile an bhalla agus d'fhuaim na Gaeilge i mo chluasa; agus, bíodh nár thuigeas a raibh á rá acu, b'amhlaidh gur airíos gurbh í an Ghaeilge an teanga ba dhual dom. D'airíos, mar a déarfá, macalla dá fuaimeanna binne i mo chroí cheana, agus níl Éireannach beo faoi láthair nach mbeadh an scéal céanna aige.

Ba é Lá le Muire Beag an dara lá dár chaitheas in Inis Meáin; agus ar éirí amach i m'aonar go moch ar maidin dom, agus mé ag siúl an bóithrín, shíleas gur cheart dom iarracht a dhéanamh ar bheagán Gaeilge a labhairt. Bhí a fhios agam go raibh sé ag tarraingt ar aimsir an Aifrinn, agus ghabhas rún faoi iarraidh ar an gcéad duine dá gcasfaí orm an raibh sé ag dul ar an Aifreann. Ceist bheag shimplí ba ea í sin, agus cé a tharla orm ach buachaill beag gan níos mó ná deich mbliana d'aois aige.

'An bhfuil tú ag dul go hifreann?' arsa mise.

D'oscail sé a shúile beaga agus sceon iontu.

Bhreathnaigh sé orm go ceann nóiméid; agus ansin thug sé do na bonnaí é, agus as go brách leis díreach agus dá mbeadh gadaí nó gealt ina dhiaidh.

'Nach fiáin iad páistí na háite seo?' a dúras liom féin, agus go ceann tamaill mhaith níor thuigeas i gceart ar thit amach; ach, nuair a cuireadh i gcéill dom conas mar a bhí an scéal, ní gá dom a rá go ndearnas féin gáire faoi chomh maith le cách.

An lá sin ná go ceann seachtaine níor thuigeas a mbídís ag rá ach amháin go ndearna duine a bhí an uair sin ag foghlaim na Gaeilge ann corrfhocal dá raibh ar siúl acu a mhíniú dom.

'Tá an-tóir ag Stiofán ar an nGaeilge' a deireadh Bríd; ach is amhlaidh a shíleas féin, dá mbeadh an oiread Gaeilge agamsa agus a bhí aigesean go mbeinn sásta go deo na ndeor.

Cáitín

Bhí ar Stiofán imeacht as an oileán i gceann seachtaine; as sin amach b'éigean dom mo sheasamh a bheith orm féin. Ba bhreá é ar dhúiseacht do dhuine a bheith ag éisteacht an chéad ní ar maidin le fuaim na Gaeilge á spreagadh agus ba shona é dul a chodladh i ndeireadh an lae agus an fhuaim bhinn chéanna ina chluasa.

An lá déanach dár chaitheas in Inis Meáin an bhliain sin, thriallamar síos go dtí an Caladh Mór. Is iomaí duine, idir óg is sean, a bhí le mo thaobh an lá sin; ach cá raibh mo chara, Páid Ó Fathartaigh, an fear a bhíodh ag léamh na Gaeilge dom ón gcéad lá a shroicheas an t-oileán? Cá raibh sé? Nuair a bhí leath an bhóthair siúlta againn bhuail sé amach thar an gclaí romhainn agus leathchoróin ina lámh aige. Bhí sé ag breathnú beagáinín beag bainte dá threoir agus d'fhan sé tamaillín ina thost.

Teach an Phobail

Ag Foghlaim na Gaeilge

'Cad tá ort, a Pháid?' a dúras sa deireadh.

'Tá', arsa Páid, 'go bhfuil seanleabhar urnaí agam. Fuaireas ón Ard-Easpag Mac Éil mar bhronntanas fadó í, agus mé ag dul faoi lámh Easpaig aige. Tá sí geall le bheith caite anois agus b'fhearr liom ná feilm thalún a macasamhail a fháil; ní maith liom an ceann a fuaireas ón Leon féin a chaitheamh ar fad. Tá faitíos orm, a bhean uasal, go bhfuilim ag cur an iomarca trioblóide ort, ach ní thuigeann tú an scéal go díreach. Fuaireas óna lámh féin í as ucht go raibh an Teagasc Críostaí agam de mheabhair agus –'

'Tuigim an cheist, a Pháid', arsa mise, 'ní gá duit a thuilleadh a rá'.

Bhíodh na cailíní ag teacht isteach gach Domhnach go dtí an chraobh de Chonradh na Gaeilge a cuireadh ar bun le haghaidh na bhfear. Níorbh fhada gur ghabh fonn foghlama na Gaeilge go mór iad, agus gur tháinig éad orthu faoi gan craobh den Chonradh a bheith acu dóibh féin. Tugadh misneach dóibh ina thaobh sin agus ba é a dúirt ceann acu –

'Beidh craobh againn anois dúinn féin gan buíochas do na fir'.

'Beidh, le cúnamh Dé', a dúradar uile d'aon ghuth.

Agus is amhlaidh a tharla; ach, mar sin féin, ní gan buíochas do na fir go díreach, óir thángadar an chuid ba mhó acusan chun cúnamh a thabhairt dá mná gaoil an lá a bhí Craobh na mBan á cur ar bun.

Ón lá sin amach ba mhór an comórtas a bhíodh idir an dá chraobh, agus an bhliain ina dhiaidh sin rugadar na mná leo a lán de na duaiseanna a bhí á dtabhairt amach ar an bhFeis ar son léite, aithrise agus eile. Is annamh bean san oileán anois nach bhfuil in ann litir, a bheag nó a mhór, a scríobh, nó píosa Gaeilge, ar a laghad, a léamh sa tráthnóna, nuair a bhíos críochnaithe aici ar obair an lae. Is minic a casadh bean orm, naíonán aici ar a baclainn, agus leabhrán Gaeilge aici á léamh ag dul go dtí an tobar.

Tráthnóna breá dá raibh cruinniú againn i dTeach na Scoile, bhí bean ag dul thart, agus láí ina lámh aici le fataí a bhaint. Chuala sí na hamhráin ar siúl, agus isteach léi chugainn.

'Ní fhanfad ach aon nóiméad amháin', ar sise. 'Caithfidh mé mo dhinnéar a bhaint'.

Craobh na mBan

Bhí go maith agus ní raibh go holc go ceann tamaillín. Thug sí amhrán nó dhó dúinn. Anois is arís bhreathnaínn uirthi, agus d'airíos nár thug sí faoi deara go raibh an aimsir ag sleamhnú. D'amharc sí chomh sona sin nár fhéadas féin a chur i gcuimhne di go raibh sé ag éirí déanach. D'fhan sí inár bhfochair ar feadh trí huaire an chloig agus ba é críoch an scéil é gurbh í an bhean ba dheireanaí ag fágáil an chruinnithe í. Bhí an ghrian beagnach faoi nuair a cuireadh deireadh leis an gcruinniú céanna, agus d'fhiafraíos di nach raibh ocras uirthi.

'Tá, muis!' ar sise. 'Ach nach cuma sin? Níor chaitheas píosa lae riamh ab fhearr liom ná an aimsir a chaitheas anseo. Bíonn mo dhinnéar agam chuile lá sa tseachtain, ach ní raibh a leithéid seo ar siúl againn riamh roimhe seo'.

Ní gá a rá go bhfuair sí cuireadh teacht ann aon uair go mba mhaith léi, agus ní baol, ach an oiread, nach raibh sí i láthair as sin suas ar gach cruinniú de chruinnithe na mban.

Rug sí a láí léi amach as an scoil an lá sin, agus chuala mé a guth go ceann i bhfad agus í ag crónán, 'A Mháire, is tú m'aon ghrá geal!'

Inis Oírr

A bár a lán, a bár a lán,
A ghrádh na rún, a chuid do'n saol,
A lán – 'sí an bád breagh seóil!

Is maith is cuimhin liom an lá breá a bhuaileamar isteach i gcurach ag triall ar Inis Oírr, an t-oileán is lú d'Oileáin Árann. Bhí an fharraige an-chiúin ar fad, agus na dathanna ag síorathrú ar an uisce – ó dhubh go gorm agus ó ghorm go glas agus arís gan mhoill go dúghorm. Ní raibh deifir ar bith orainn agus mar sin de, ligeamar amach na dorúnna le ronnaigh a ghabháil; ach, dar ndóigh, bhíodar róchríonna dúinn agus ba bheag an tairbhe do Sheán ar ghabhamar díobh an lá sin. Is cuimhin liom fós conas mar a chuamar i dtír ar an ngaineamh te, an ghrian ag scairteadh orainn agus ar na daoine a bhí ina seasamh ar an trá.

Curach á Dhéanamh

Níorbh fhada uainn an áit a ndéantar na curacha agus bhuaileamar suas chun féachaint orthu á ndéanamh. Bhí curach deas nua gléasta ann ar aghaidh na gréine, an tarra ag drithliú air faoina solas. Bhí conablach curaigh nó dhó ar leataobh ann agus a lán de sheanchuracha á ndeisiú.

Ina dhiaidh sin, chaitheamar mórchuid den lá ag taisteal an oileáin agus ag breathnú ar na seanteampaill agus eile atá le fáil ann, agus go háirithe ar Chaisleán Ghráinne Ní Mháille atá ina shuí ar ardán glas thuas os cionn na farraige.

I dtaca an tráthnóna nuair a bhí fuineadh na gréine thart agus a hiarsholas ag titim ar Dhún Fearbhuí ar ár n-aghaidh amach, agus scáile na néalta leagtha thíos san fharraige taobh thoir den Chois, thriallamar ar ár n-ais arís go hInis Meáin. Bhuaileamar an fánán, nó an tslip mar a thugtar air, díreach mar a bhí na hiascairí ag cur amach ar an bhfarraige faoi choinne na hoíche.

Ba mhinic dúinn ina dhiaidh sin ar an Oileán Theas, ach is é céadradharc ar áit ar bith a bhíos buailte isteach in aigne duine.

Seanteampall ar Inis Oírr

LÁ AN PHÁTRÚIN

Iomdha céim 'n-a dtig isteach,
Má's fíor d'fhuighlibh na bhfileadh,
Fear an oirbhearta os cionn cháich,
I gcionn oighreachta d'fhaghbháil.

Níor casadh orm le mo ré aon dream eile atá chomh luite leis an gceol agus atá muintir Árann; ach, ina dhiaidh sin agus uile, níl aon phíobaire ar cheachtar de na hoileáin. Uair sa bhliain, ar bheith ar siúl don phátrún in aon cheann díobh nó uair sa bhreis anois agus arís, nuair a bhíos bainis mhór le bheith ann acu, is é a bhíos ina riachtanas orthu a dhéanamh ná fios a chur ar dhuine de lucht ceoil Chonamara.

Bíonn an t-aos óg ag súil agus ag tnúth le teacht an phíobaire agus ní gá a rá nach bhfuil éinneach beo dá dtéann ar cuairt san oileán a gcuirtear fáilte níos croíúla roimhe ná é sin. Bíonn pátrún faoi leith ag muintir gach oileáin díobh, ach tagann na daoine go léir i bhfochair a chéile ar gach ceann acu.

Bhí an píobaire ag seinm agus na rinceoirí ag damhsa amuigh faoin aer, nuair a bhuail mé féin agus deirfiúr lách an tsagairt paróiste isteach ina measc lá an phátrúin in Árainn Mhór. Bhí na céadta, idir fhir agus mhná, i láthair ann, agus is mór an sult agus an greann a bhí ar siúl os ár gcomhair amach.

De réir cosúlachta, tá dearmadta ag an uile dhuine inniu ar chathú agus bhuaireamh an tsaoil. Ní barúil go bhfuil aon smaoineamh acu ar an aimsir atá caite ná fós ar an aimsir atá le teacht. Tá siad ag cur na haimsire atá ann isteach, agus, dar ndóigh, is maith an aghaidh orthu é. Is deacair a mheas, agus a leithéid seo d'amharc os ár gcoinne, nach dtáinig fós chugainn i láthair an aimsir shona ar ar thrácht an file:

Na seandaoine nach bhfuil corraí iontu, tá siadsan ina suí ina scataí anseo is ansiúd, agus iad ag cur síos ar ar thit amach le linn a n-óige féin. Is é a ndóigh, mar is gnách le seandaoine ó thús na haimsire, diaidh ar ndiaidh, go bhfuil an saol ag dul in olcas ó lá go lá.

Tá bean na milseog as Gaillimh ina suí ar leataobh an chruinnithe, cliabh oráistí ar a lámh dheas agus soitheach milseán ar an lámh chlé aici. Tá plód páistí ina timpeall, agus iad ag breathnú chomh sona sásta agus a chonacthas riamh. Is deacair í a fheiscint i gceart ón méid acusan atá bailithe máguaird. Tá Máire féin ar an taobh eile den slua, agus í ina seasamh ar bhéal cláir a bhfuil brioscaí agus eile i gcóir air. Téann cailíní agus buachaillí óga suas chun an bhoird seo, agus, ambaiste, is iomaí pingin atá á cur isteach ina póca ag mo mhnaoi mhacánta.

Tá beirt leanbh, ámh, ar chúl an chláir, agus súil chíocrach orthu araon ag dearcadh go cúthail ar a bhfuil gléasta amach ar a n-aghaidh. Páistí gan máthair acu iadsan, agus níor rith le héinneach go mbeadh mionairgead ag teastáil ó na dílleachtaí inniu.

Bail ó Dhia anuas ar do chroí banúil, a bhean na milseán! Ní fada go dtabhrann tú faoi deara na súile beaga dubha atá ag amharc go tnúthach ar do chuid earraí!

'Sín amach do lámh, a mhuirnín mo chroí! Seo dhuit lán do mháma de rudaí milse! Agus tusa, a mhic ó! Anois nach deas an cáca é seo agam duit? Glan as m'amharc feasta, a shomacháin. As an mbealach, a deirim libh!' agus leis sin, tá an bhean bheag shnasta réidh le freastal ar an gcéad duine eile.

Buachaillí ag Marcaíocht

Seo ag damhsa lena chéile muintir óga na dtrí n-oileán. Ní baileach atá críoch rince déanta ag beirt nó ceathrar acu nuair a éiríos dream eile, agus mar sin dóibh.

Damhsaíonn siad i dtosach ar aghaidh a chéile agus ina dhiaidh sin déanann siad athrach áite de réir mar a athraíonn an ceol. Isteach agus amach thar a chéile leo ansin, agus faoi dheireadh thiar buaileann siad amach ar an tslí. Preabann daoine eile amach ina n-ionad ar an bhfód chun moladh a thuilleamh ón slua. Ní baol go ndéanfaidh aon damhsóir acu dearmad ar airgead rua a chur ar an bpláta atá leagtha le hais na cathaoireach ag an bpíobaire.

Tagann fonn an ghrinn agus an tsuilt ionainn féin agus téimid amach chomh maith le cách. Ach ó tharla nach maith le haon duine cuireadh chun damhsa a thabhairt dúinn is éigean dúinn féin, dá aistí é, iarraidh ar bheirt bhuachaillí bualadh amach linn. Is cúthail ar fad iad, más ea, ach mar a deir Peadar Choilm as Inis Meáin liom: 'Dá dheacracht dom dul amach, a bhean uasal, is móide ba chrua orm d'eiteach'.

Déantar cúis choimhlinte idir an dá oileán den rince seo. 'Nár lagaí Dia thú!' 'Ar aghaidh leat, Árainn Mhór!' 'Inis Meáin go deo!' 'Fad saoil agat, a Pheadair!' I ndeireadh na dála nuair a scoirimid den rince is é is dóigh le muintir gach oileáin ná go bhfuil an báire leo féin. Is sásta an chríoch ar chomórtas í a leithéid sin, agus ní baol go dtiocfaidh clamhsán as ná go mbeidh aon rud ach cairdeas ina dhiaidh.

Tá an pátrún ar lánsiúl fós, siúd is go bhfuil oíche is lá ag scarúint ó chéile. Tá garraíodóir an tsagairt, Séamas Beag as Contae Mhaigh Eo, thuas ar an mbóthar ag fanacht linn lenár stiúradh abhaile. Fágaimid céad slán ag ár gcairde, idir óg agus sean, agus is é a deirimid gur fada go n-imeoidh cuimhne an lae sin as ár n-intinn.

Deirtear go mbíonn ar lucht an tsaoil seo díol as an uile shonas dá dtagann ina mbealach, agus seo é Séamas ag tabhairt drochíde orainn faoi go ndeachamar amach chun damhsa ina leithéid sin d'áit i measc 'daoine fiáine'. Sin iad na focail a thit as a bhéal agus sinn ag gabháil an bóthar abhaile.

Go bhfóire Dia ar do chiall, a Shéamais Bhig! Is iad siúd uaisle na hÉireann, fíorthreibh na tíre, gan truailliú, gan chlaochlú, agus is beag acusan i measc na mbeo lenár linne. Ambaiste, is iad sin na daoine is móraigeanta dá bhfuil sa domhan ó bharr bun agus a bhfuil ann acu go huile a chur le chéile. Nach cúis bhróid dúinn é gur chaitheamar lá féin mar aon leo ag cleachtadh shean-nósanna na hÉireann atá caillte againn anois faoin tír mór.

Bean ag Sníomhachán

Ach ní thuigeann Séamas an cheist seo, agus go deimhin is go dearbh, nílim á lochtú faoi gan a tuiscint. Is Éireannach maith ina shlí féin é – an fear is dea-chroíúla agus is simplí dár casadh orm riamh. Níl a fhios ag éinneach ina cheart cárb as iad na smaointe bun os cionn againn sa tír seo i dtaobh bhéasa agus chleachtadh an tslua – deirtear gurb as na scoileanna mírialta agus as cailliúint na teanga dá mbarrsan iad, agus deirtear fós gur anall ó Shasana féin a thrialladar isteach inár measc. Is cuma sin, óir cibé scéal é tá na smaointe mínádartha seo buailte isteach in aigne na ndaoine, agus is fada uainn go ruaigfear iad.

B'obair in aisce é a bheith ag iarraidh é sin a chur i gcéill do Shéamas. Ar an ábhar sin, fágaimid an scéal mar atá sé agus iompaímid ar a mhalairt de sheanchas.

Tá trí mhíle den bhóthar romhainn fós ach tá neart scéalta ag Séamas. Tá an-chion aige ar na daoine maithe agus ní iarrfadh sé rud ní b'fhearr a dhéanamh ná a bheith ag cur síos orthu ó cheann bliana go chéile.

Ag dul thar bharr cnoic dúinn tagann ailltreacha garbha Inis Meáin in amharc de gheit. Cuireann seo i gcuimhne don scéalaí chomh ciontach agus a bhíomar tamall beag ó shin. Croitheann sé a cheann go mall agus is amhlaidh a deir sé tar éis scaitheamh beag d'aimsir:

'Caithfidh mé gach ar thit amach a chur in iúl don sagart féin. Mura ndéanfainn sin, muise, bheadh sé ag goilleadh orm'.

Is dócha go bhfuil ár gcara sásta leis an rún tábhachtach atá gafa aige. Cromann sé ar thrácht ar na sióga arís, agus níl deireadh ráite aige nó go mbuailimid an baile beag cois na farraige.

Tobar gan trághadh bhí lán do dhaondacht.

Feis againn féin anseo! Feis ar nós seanoireachtas na tíre! Comórtais le haghaidh na seandaoine agus le haghaidh an aosa óig: scéalta is amhráin is óráidíocht; gach a mbaineann le binneas na teanga agus le cleachtadh ár sinsear anallód; gach a mbaineann le spiorad na nGael ag teacht ar ais arís chugainn, agus sinn ag dul isteach ar an bhfichiú haois den domhan!

Ar chualathas a leithéid riamh go nuige seo? Ar ndóigh níor chualathas, a chara; ach is iomaí rud, de réir mar a deir Hamlet, atá sa domhan thuas agus sa domhan thíos, ar neamh agus ar talamh, nach mbíonn aon trácht air i measc na ndámh. 'Nuair a thiocfas sé, tiocfaidh sé trom', a deir an file Gaelach, agus is amhlaidh a bhí.

Amuigh faoi na spéartha – an fharraige inár dtimpeall agus solas na gréine ag taitneamh orainn leis na daoine maithe a choinneáil as an mbealach – is mar sin a ceapadh inár n-aigne againn roimh ré; agus níorbh ionadh go ritheadh an fhuil níos tapúla inár gcuid cuisleanna arna smaoineamh dúinn go bhfeicfimis lenár súile féin mórthionól dá shamhail i lár phríomhshleachta na dúiche.

Agus tharla gur mar a síleadh a cinneadh den chor seo, cé gur bhagrach iad na néalta ar maidin an lae a bhí leagtha amach againn le haghaidh 'Agallamh na nÉigeas'.

B'iontach an mhochéirí a rinneadh i dtreo go mbeadh gach uile ní in oiriúint i gcomhair an tráthnóna. Bhí an timire, Tomás Bán féin, ar an láthair, agus é ag tabhairt an uile chúnamh uaidh chun obair an mhórlae a chur chun tosaigh. Is róchuimhin liom féin fós conas mar a caitheadh an mhaidin sin. Chím arís go soiléir fir an oileáin ag bualadh anuas thar na carraigeacha, ag déanamh ar áit na Feise, clár adhmaid á iompar ar ghualainn duine acu, bairille folamh ar ghualainn duine eile, agus mar sin dóibh.

Is gearr go gcuirtear an t-ardán i gcóiriú faoi stiúradh Thomáis. Suitear go deas é i gceartlár na leacracha sleamhna, agus tosaíonn muintir an oileáin ag cruinniú ina thimpeall. Seo cuimse páistí ag teacht aniar ó Cheann an Bhaile, a gcuid leabhrán ina lámh acu le haghaidh na gcomórtas, agus iad ag comhrá go meidhreach le chéile. Seo beirt eile ag siúl anuas an bóthar taobh le Teach na Scoile, agus cathaoir acu á hiompar eatarthu. Dá bhfiafrófá díobh: 'Cé lena aghaidh í sin?' is é an freagra a gheofá ar an bpointe boise, 'Le haghaidh an tSagairt seo againn féin', agus dá bhfiafrófá díobh fós: 'Cé hé 'an sagart seo againn féin?'' bheadh iontas orthu, agus shínfidís a méara leis an Dochtúir Ó hIcí, ag rá: 'An tAthair Mícheál – cé eile?'

Chím seanbhean agus leanbh ag teacht ina ndiaidh, agus iad lámh ar lámh le chéile. Tá sise ag rá a paidreacha os ard, agus anois is arís ardaíonn sí a súile ag féachaint sna spéartha. Tá sí in achrann go daingean leis na blianta, agus, dar ndóigh, ní fada uaithi anois go rachaidh sí ar shlí na fírinne. D'aithneofá uirthi go bhfuil an bás ag tarraingt ina gaobhar cheana féin. Is cosúil le spré soilse ón tír thall an gal loinneartha atá ag bánú a snua. Is beag an tsuim, más ea, a chuireas sí sna nithe a bhaineas leis an saol seo; ach ar ball, nuair a bheas Éamann ag cur síos ar 'Ridire na gCleas', ní gá nach mbeidh sise ag gáire chomh maith le cách.

Sin iad Seán Ó Meachair agus Colm féin ag bualadh anoir go mall. Mise i mo bhannaí gur ar Fhianna Éireann atá siad ag trácht chomh dáiríre sin, óir an rud is gaire don chroí, is é is gaire don bhéal.

Siúd anoir an bóithrín scata cailíní, freisin, agus iad ag gáire go súgrach faoi ghreann éigin atá ar siúl acu. Is deas dealraitheach iad na cailíní céanna, a gcuid gruaige gléasta go snasta agus a gúnaí gearra ag titim leo síos go dtí a rúitíní. Ní miste a rá gur dea-chumtha iad na rúitíní céanna, agus iad le feiscint os cionn a mbróg íseal a dtugann siad peampútaí orthu. Tá a súile chomh gorm le spéir an tsamhraidh, agus tá dath na sláinte ina ngruanna, 'dath na gcaor' is ea é de réir an fhile. Chítear dom gur ar a leithéidí seo a bhí an file céanna ag smaoineamh nuair a cheap sé:

Is caol a braoi, mar aon dais pinn
Ó chléireach chruinn, ar dhearc gan smól;
'S a béal tais binn, mar shéise sidhe
Ar théadaibh fuinn do spreagann ceól.

Na Cailíní

Ní fada ó tháinig ceann de na cailíní seo abhaile ó Mheiriceá agus lán bosca mhóir d'éadaí in éindí léi. Ach airímid go bhfuil cóta dearg uirthi anois díreach mar atá ar na cailíní eile, agus labhraíonn sí an Ghaeilge chomh blasta céanna le ceachtar acu. Ní mheasann muintir Inis Meáin gur oiriúnach an rud é éadaí a bhaineas le háiteanna eile a bheith á gcaitheamh acu. 'Ní ceart ná feiliúnach an rud é hata a bheith ar aon chailín san oileán seo', a deirtí liom go minic; agus chualas fear óg ag rá aon uair amháin nach bpósfadh sé cailín as Inis Meáin dá bhfeicfeadh sé hata uirthi ar nós na gcoimhthíoch, 'agus í ag cur maige uirthi féin'.

Seo ag caint sinn agus an Fheis i gcóir romhainn thíos in aice leis an Muirbheach.

Níl uainn anois chun tosú a dhéanamh ach go dtiocfadh muintir Inis Oírr. Tá an ghaoth rite ar Inis Oírr inniu agus mar sin tá an lá rud beag glas amuigh ar an bhfarraige. Tá na tonnta ag borradh chomh mór sin idir an dá oileán gur deacair do na curacha an tslí a dhéanamh anois. Faoi dheireadh agus faoi dheoidh, ámh, buaileann siad tír ag an bhfánán taobh thoir, agus, dar ndóigh, ní miste é go bhfuil talamh tirim faoi chosa ár gcairde arís. Aithním mórchuid de mhuintir Inis Oírr féin ann agus chím mac léinn as Baile Átha Cliath ina measc. Sin é freisin an sagart as an mBreatain Bheag. Tháinig sé ag triall anall ar Éirinn leis an teanga ársa seo againne a fhoghlaim. Tá triúr ban as Baile Átha Cliath na gCoirmeacha Fíona lena ais, agus ní gá a rá go bhfuil siad go léir ar thóir na Gaeilge.

Ní fada uainn anois é tosú na Feise – an chéad fheis a bhí san oileán le cian d'aimsir. Chuaigh na céadta agus na mílte de bhlianta thart i ndiaidh a chéile, agus i rith na haimsire sin ní fhacthas oireacht in Árainn

mar an oireacht seo. Is mór an smaoineamh é sin agus
cuireann sé in iúl dúinn gur an-tábhachtach an lá é an
lá inniu.

Curach á Iompar

Is beagnach cinnte é gur sheas Naomh Éanna agus
Naomh Rónán ar charraigeacha Inis Meáin i measc na
ndaoine agus gur mholadar Dia ina bhfochair agus
gur mhúineadar dóibh dlí an Dé Bhí. B'fhéidir gur
labhair an Colm féin leis an tuath san áit chéanna suas
le míle agus trí chéad bliain ó shin. Agus a mheas nach
raibh aon fheis sna hoileáin le glúine gan áireamh
agus fós gur dócha nach raibh feis den saghas céanna
go díreach ann riamh.

Cluinimid ar feadh an lae milisbhriathra na teanga a
bhíodh acu á spreagadh anseo anallód agus ní gá
dúinn ach ár súile a dhúnadh agus chítear dúinn go
bhfuil tionól nó dáil na sean-Éireannach os ár
gcomhair. Tá na draoithe nó na naoimh ann i measc an
tslua. Tá focail na críonnachta ag titim as a mbéal de

réir mar a ritheann a smaointe thar na nithe a bhaineas leis an domhan thall.

Agus ina dhiaidh sin agus uile, nach iad na nithe a bhaineas leis an domhan dofheicse is mó a bhfuil spéis againn iontu inniu? Ní deacair a bheith dearfa ina thaobh sin an fhaid atáimid ag éisteacht leis na seanscéalta á n-insint. I dTír na nÓg is ea atáimid faoi láthair. Fear as Inis Oírr atá ag insint scéil ar cén nós ar mealladh Oisín ag Niamh na Gruaige Órga. Ar ball tráchtann éigse Inis Meáin ar na daoine maithe a thagann ar cuairt chun na ndún go minic san oíche; ar na caisleáin a d'éiríodh as an muir de phreab; agus ar na míorúiltí éagsúla a tharla fadó sa tír seo. Is róléir é gur dlúth í an bhaint atá ag an gcruinniú seo le hóige an domhain sular bhuail an chruacht um chroí an duine agus sular bhuaigh gnóthaí an tsaoil seo ar bheatha na hintleachta agus ar chlaonta na hanama.

'Le himní an tsaoil d'imigh chuile rud uaimse', arsa seanbhean liom aon uair amháin nuair a d'iarras uirthi scéilín a insint dom i dtaobh Fhianna na hÉireann agus na gcuradh Éireannach eile a bhíodh ag coimhlint agus ag cur le chéile le linn ár sinsear.

Ní daoine saolta iad seo atá inár dtimpeall. Tá siad ag cruinnéisteacht leis an scéalaí le faitíos go rachadh oiread is focal dá chomhrá amú orthu. Leanann siad ar lorg Oisín agus é ag teacht anall ó oileán na n-anam beannaithe.

''Sea, maisce!' 'Grá mo chroí thú!' 'Anois, céard a deir tú?' 'Sin é go díreach é'. 'Ochón! An créatúr bocht!' 'Is fíor duit an méid sin'. 'Nach maith an aghaidh air é?'

Ní chuirtear isteach ar an scéalaí in aon chor chomh fada is atá sé ag labhairt; ach nuair a chuireas sé suas dá chaint anois is arís, lena anáil a tharraingt, sin é an t-am a bhíos a ladarsan á chur ann.

Cromleac

Ar ball nuair atá an rinceoireacht ar siúl ar na leacracha sleamhna ní gá nach ndéanann na seandaoine go maith. I measc na mban, is ag bean threasaosta, choséadrom ó Bhaile an Dúin atá buaite. Maidir leis na fir, is iad na daoine a bhfuil aois chríonnachta acu is fearr dá bhfuil orthu chomh maith céanna. Nuair a théann na fir óga láidre calma amach ní hionadh é smaoineamh a bheith á bhualadh chugainn anois is arís ar chluichí Oilimpis a bhíodh á n-imirt acu sa Ghréig fadó. Ag breathnú orthu dúinn, ní deacair na sean-Ghréagaigh a thabhairt isteach ina n-ionad – an choróin ghlas gurbh fhearr leo í ná coróin óir crochta in airde ann os a gcionn. Ritheann sé linn gurb é sin an corp díreach agus an cruth dea-dhéanta céanna a bhíodh ag an aos óg san am inar shíl an duine gurbh fhiú é go mór dó an uile rud a bhain leis, idir anam agus chorp, a chur ar a leas chomh maith agus a bhí ar a chumas. Sin é os comhair ár súl an muineál fada agus an rosc glan agus an ghruaig dhubh agus an béal tanaí agus an uile bhall inmholta beagnach ar chuma íomhá deilbhe na seanlaochra a tháinig anuas chugainn.

Nuair a bhíomar ag scarúint leo, sin é an uair a thuigeamar a mhéad ab fhiú iad seanchluichí na tíre chun láidreacht choirp agus ionracas intinne ár muintire. Ní cúis iontais é seo, óir is amhlaidh i gcónaí do chroí an duine a bheith ag rith i ndiaidh nithe nua agus aiféala air faoi na nithe a lig sé thairis.

Ar feadh seacht n-uaire an chloig is ea atá an Fheis ar siúl anois, ach ní airíonn aon duine an aimsir ag sleamhnú uaidh. Ritheann na leanaí beaga bídeacha timpeall ar chiumhais an tionóil agus sin é an méid. Ní chuirtear aon suim iontu. 'Beannacht Dé ort', mar a dúirt Bríd liom, 'nach mbíonn na páistí chomh luaineach le bean bhocht ar aonach'. Ní chorraíonn aon duine eile mar téann na huaireanta thart i ndiaidh a chéile.

Tá sé i ndán don duine críoch a dhul ar an uile ní dá mbaineann leis an saol seo, agus ba é críoch an mhóirthionóil seo na duaiseanna a thabhairt amach ag banchara linn, agus an uile dhuine a dhul abhaile sásta leis féin agus lena chéile. Thuas i nDún Chonchubhair ar mhullach an oileáin is ea a bhailímid i gcionn a chéile sula dtí i bhfad.

An ceart dúinn tar éis imeachtaí an lae seo trácht ar rud coitianta mar an t-ocras nó an tart? Ní fheadarsa, ach féadaim a rá go mbíodh a leithéid ag gabháil do dhea-laochra ár dtíre mar Chonán Maol agus Chú Chulainn féin.

Ina dhiaidh sin agus uile, chítear dúinn gurb é fleá na ndéithe atá gléasta amach ar an bhféar glas romhainn, óir is é spiorad an ama fadó atá ionainn inniu. Ní gá nach bhfuil taibhsí na bhFear Bolg inár dtimpeall, agus mo dhóigh féin nach bhfuil siad míshásta ar fad lena bhfeiceann siad.

Cliabha Éisc i gComhair an Mhargaidh

Tá an solas aniar ag imirt ar bharr an Dúin agus tá scáile na mballaí arda ag titim ar an talamh máguaird agus ag teannadh orainn go mear. Is beag nach bhfuil dearmadta againn go bhfuil ar ár gcairde as an Oileán Theas scaoileadh leo abhaile i ndeireadh na dála.

Ní fhanann an ghrian ach an oiread leis an taoille le duine sa domhan, agus tá sí ag bagairt ar dhul faoi anois. Is gearr go mbeidh sí sa talamh; ach sula dté siad as amharc, chímid na curacha beaga ag déanamh ar Inis Oírr. Tá a seolta bána in airde, agus iad ag bualadh suas agus anuas ar na tonntracha díreach mar eala ag snámh go postúil ar an bhfarraige mhór.

Ó tharla dúinn a bheith in Inis Meáin arís i mbliana, rith sé linn Aeraíocht a chur i gcóir le haghaidh an Domhnaigh tar éis Lá le Muire Beag san fhómhar. Ní raibh mórán aimsire againn le gach rud dár bhain leis an Aeraíocht a léiriú mar ba thoil linn; ach ar a shon sin féin d'éirigh linn go geal de cheann na spéise atá ag muintir Inis Meáin sa Ghaeilge agus sa Ghaeltacht.

Cé gur Aeraíocht a ceapadh againn, mheasamar nár chóir dúinn gan roinnt comórtas a chur ar siúl, agus go háirithe le haghaidh an aosa óig. Is orthusan is mó a bheas leas na Gaeilge ag seasamh san am atá le teacht, agus dá bhrí sin ní ceart é faill ar bith a ligint thart gan iad a bhrostú agus misneach a thabhairt dóibh.

Ón gcéad nóiméad ar cuireadh in iúl do na daoine go raibh Aeraíocht le bheith san oileán, ba bheag eile a bhí á phlé eatarthu. Ní raibh mórán cóipeanna de chlár na hAeraíochta le spáráil againn as ucht go raibh orainn an t-iomlán a scríobh. Anseo is ansiúd – ag Teach an Phobail agus ag binn tí Éamainn – cuireadh ceann acu suas, agus ba ghearr go raibh neart daoine cruinnithe ina dtimpeall agus cluas orthu go léir ag éisteacht le duine acu ag léamh amach an chuntais ar na comórtais faoi leith.

'Ara, muise! An mbeidh tú ag damhsa ar na leacracha amárach?' arsa duine éigin le Máirtín Beag.

'Ó, m'anam go mbead! Cén fáth nach mbeinn agus a rá gur ghnóthaíos duais ar an bhFeis cúpla bliain ó shin', arsa Máirtín ag cromadh ar a chuid céimeanna a chleachtadh ar an bpointe boise.

Ar an bhfánán bhí an scéal céanna acu, ach gurbh ar an óráideacht a bhíodar ag trácht cois na farraige. 'An bhaint atá ag an ngealach, ag an aimsir agus ag an taoille le fairsingeacht éisc'. B'shin é bunábhar na hóráideachta agus chuir na hiascairí an-suim ann.

Binn Tí

Ba dhona ar fad an aimsir a bhí againn ar maidin Dé Domhnaigh agus b'iomaí croí trom a bhí in Inis Meáin mar gheall air. Um mheán lae, ámh, spalp an lá ar ghrian agus, dá bhíthin sin, cuireadh a mhalairt d'éadan ar an domhan, idir tír agus farraige. Ní fada go rabhamar go léir i dteannta a chéile ar na leacracha agus gach duine ag súil le greann agus sult.

Chuir an tAthair Mícheál an Aeraíocht ar siúl le píosa cainte i nGaeilge bhlasta. 'Éist leis an sagart seo againne féin', arsa girseach bheag lenár n-ais, agus dar ndóigh, níor chailleadar fiú an fhocail dá chuid ráite:

Cad a dhéanfaimid feasta gan adhmad
Tá deireadh na gcoillte ar lár.

Is í an cailín óg croíúil as Londain atá ag gabháil fhoinn agus is furasta a aithint go dtaitníonn an t-amhrán leis na daoine, idir óg agus sean. 'Arís, arís!' agus an t-am seo táimid ag éisteacht leis na focla binne úd, 'Tabhair mo bheannacht do Chonnachtaigh'.

Bhí Peadar Dhonnchadha i láthair le port a chasadh agus is gearr go raibh na hiomaitheoirí ar an leac shleamhain. 'Buail amach anois!' 'Dia leat, a Pheadair!' 'Iompaigh!' 'Nár lagaí Dia thú, a Mháirtín!' 'Croith suas, a Pheadair!'

Nuair a bhuail na mná amach chun damhsa sin é an t-am a raibh an spórt ar fad agus an greadadh bos againn, agus go háirithe nuair ab eol dóibh gur sheanbhean a rug bua. Táthar ag gabháil fhoinn agus in éineacht leis na seanamhráin cluinimid torann an rabharta ag greadadh chugainn isteach ón bhfarraige.

San oileán uaigneach seo i gceartlár an aigéin tá na seanaimsirí againn arís. Tá! Seo iad na carraigeacha céanna a bhí ann nuair a tógadh Dún Chonchubhair anallód agus an fharraige chéanna ag briseadh agus ag bualadh thart timpeall.

Níl aon athrú i mbéasa na ndaoine ón aimsir a raibh an Ghaeltacht ar bun ar fud na tíre agus is beag athrú atá sa teanga ach an oiread. I gcúrsaí croíthe mhuintir Inis Meáin, tá siad chomh héadrom agus chomh Gaelach agus a bhíodh i laethanta saoirse na hÉireann.

Tá deireadh leis an ngabháil fhoinn ar ball agus éiríonn na hiascairí i ndiaidh a chéile le hóráid a thabhairt uathu ar an aimsir is fearr le hiascaireacht. Tráchtann siad ar an uile rud a bhaineas leis an gceist, agus ag éisteacht le binneas agus blas na seanteanga seo againn féin déanaimid dearmad ar an tseanmóir Bhéarla a chualamar ag an Aifreann ar maidin. Obair in aisce ba ea í an tseanmóir chéanna. B'fhearr é i bhfad trí nó ceithre focal i dteanga na ndaoine ná an

tseanmóir ba bhreátha sa domhan i dteanga nach
dtuigfeadh siad, agus ní mór do shagairt na hÉireann
é sin a thuiscint.

An Bhean a Rug Bua

Tá an-spéis ag muintir Inis Meáin san óráideacht
agus tá greann gan teorainn ar siúl acu nuair a éiríos
Mac Uí Dhónaill le cur in aghaidh gach a ndúradh go

dtí seo. 'Níl aon bhaint ag an aimsir leis an iascach ar chor ar bith', ar seisean faoi dheireadh. 'Nuair a bhíos ocras ar an iasc déanann sé ar na baoití. Sin é bun agus barr an scéil agus ní bhaineann ceo eile leis'.

Cé go raibh na buachaillí go maith sa léitheoireacht le haghaidh an aosa óig, ba iad na cailíní a bhí thar barr ar fad. Níor chualamar riamh in aon teanga eile léitheoireacht ní b'fhearr ná ar chualamar nuair a tháinig na cailíní os ár gcomhair. Bhí ceart agus fíorbhinneas na Gaeilge inti.

An Aeraíocht

Maidir leis na comórtais eile le haghaidh na bpáistí, bhí orainn a gcur ar cairde go dtí lá arna mhárach, ach ní miste a rá anseo go raibh gach ceann acu ag baint barr feabhais dá chéile nuair a cuireadh ar siúl iad an lá ina dhiaidh sin. Is maith a thuilleadar a bhfuaireadar de mhilseáin, de leabhair agus d'earraí nach iad.

B'fhéidir gurbh é aithriseoireacht na seanphaidreacha an comórtas ab fhearr dá raibh againn ann. Seanfhir ba ea iad na daoine go léir a bhí á rá. B'oiriúnach iad an áit agus an t-am a bhí ann chun Rí na Glóire a mholadh. B'oiriúnach iad, leis, na seanurnaithe ag teacht ó bhéala na seandaoine in aimsir an idirsholais tar éis scarúint an lae agus na hoíche lena chéile.

Is beag solas a bhí ann nuair a bhí óráid á tabhairt dúinn ó mhac léinn as an oileán a bhí ag caitheamh a chuid laethanta saoire sa bhaile. Is ar éigean a bhí aimsir againn ina dhiaidh sin chun na duaiseanna a thabhairt amach sular thit dorchadas na hoíche orainn. Ní gá a rá gurbh iomaí croí sásta a bhí in Inis Meáin an oíche sin, agus, dar ndóigh, níor lú sásamh ár gcroí féin ná cách.

Bhíos ar bainis in Inis Meáin agus ba shultmhar Ghaelach an bhainis í. As Gaeilge a pósadh an lánú agus gach duine san oileán beagnach i láthair sa teampall beag. Mise a ghearr an bhollóg os cionn na bruinnille ar an mbainis ina dhiaidh sin.

Bhíos i láthair ar tórramh ann, leis. Is minic a chluinimse fós fuaim an chaointe i mo chluasa – an fhuaim ba bhrónaí dár chualas riamh. Máthair óg a bhí ag caoineadh ann os cionn an aon linbhín amháin a bhí aici. 'Ó, a Mhicilín Bháin, a linbh ó!'

Is cuimhin liom lá na sochraide agus conas mar a d'éiríodar go léir ag caoineadh ag dul isteach sa reilig dóibh; agus fós, conas mar a thug gach duine acu faoi seach cuairt ar uaigh a dhaoine muinteartha dá éis sin.

Is cuimhin liom freisin – ach níl mé chun cuntas a thabhairt ar gach ní dár thit amach ar feadh aimsir mo chónaithe i measc na nGael. Nílim ach ag cur síos anseo ar na smaointe a bhuail isteach i m'intinn ar bheith ag scríobh dom.

Smaoineamh eile agus cuirfear deireadh le mo chuid ráite.

Bhíos ag imeacht timpeall an oileáin lá sular fhág mé Inis Meáin. Ba é cúis mo thiomána thart timpeall an uair sin ná slán agus beannacht a fhágáil ag cuid de na seandaoine nach raibh iontu éirí ón tinteán. Ar theacht amach as tigh faoi leith dom, rith cailín deas i mo dhiaidh agus ghlaoigh sí orm. D'fhan sí scaitheamh ina seasamh agus í go han-chúthail ar fad; ach faoi dheireadh shín sí amach a lámh agus d'airíos go raibh fáinne óir aici inti. Fáinne beag deas leathchaite ba ea é, agus is dócha go raibh sé sa teaghlach acu ó na seanaimsirí anuas.

'Chuir mo mháthair chugat an fáinne beag seo, agus is mór a ghoilleas sé uirthi nach bhfuil rud éigin níos deise aici gurbh fhiú a thabhairt duit'.

Níor thugas freagra uirthi, bhí an oiread sin iontais orm. Bhí a fhios agam go raibh na scoilteacha ag gabháil dá máthair agus go raibh sí breoite tinn. Bhí a fhios agam, freisin, go rabhadar an-bhocht, agus gur dhócha gurbh é an fáinne seo an t-aon phíosa óir a bhí sa tigh acu.

'Lig dom a chur ar do mhéar, más é do thoil é', a dúirt an cailín, agus shín sí a lámh amach arís.

'Ní thig liom a ghlacadh uait, a chara chaoin', a dúras léi, 'ní thig liom, go deimhin, ach táim chomh buíoch céanna díot agus dá nglacfainn é; táim, creid uaimse é sin'. Rinne sí gach a raibh ar a cumas chun a chur d'fhiacha orm an fáinne a ghlacadh uaithi agus bhí díomá an domhain uirthi de bhrí gur eitíos í.

Ní hionadh é go rabhas ag smaoineamh ar fhlaithiúlacht na nGael agus ar nósanna na seanaimsire agus mé ag triall ar an bhfarraige, mo chairde Gaelacha i mo dhiaidh agus fuarchríocha an Bhéarla romham.

Sé idir uaisle Fhuinn Gaoidheal
Do-ghní an t-ainm seo d'iomsgaoileadh
Reacht fíre na fréimhe ó bhfuil
Séimhe a ndine dá ndúthaigh.

Arna	tar éis
Báirseacht	báirseoireacht
Dofheicse	dofheicthe
Dorúnna	doruithe
Dúthaigh	dúiche
Fiú	*tuis. gin. ina dhiaidh*
Gion go	cé nach
Goilliúint	goilleadh
Í	forainm a úsáidtear le 'leabhar, bád'
Lánú	lánúin
Maisce	ambaisce
Mnaoi	bean (*tuis. tabh.*)
Rángamar	bhaineamar amach
Rochtain	baint amach, sroicheadh
Sceon	scéin
Siosma	sioscadh
Sula dtí	roimh
Taispeánadh	taispeáint
Treas	tríú

Nuair a scríobh Úna Ní Fhaircheallaigh *Smaointe ar Árainn*, bhí tuairim is cúig bliana caite aici ag déanamh staidéir ar an nGaeilge. Níl drogall uirthi a heaspa eolais ó thaobh na Gaeilge de a thabhairt le fios sa dialann taistil seo, agus luann sí eachtra amháin nuair a fhiafraíonn sí de bhuachaill óg 'An bhfuil tú ag dul go hifreann?' in áit 'aifreann'. Mhaígh Belinda de Buitléir (deirfiúr an scríbhneora Mary E.L. Butler), agus í ag trácht ar an bhFeis ar Inis Meáin sa bhliain 1900 gur thug Ní Fhaircheallaigh caint as Gaeilge: 'Úna bravely made her speech, but as she was not yet a fluent speaker, Dr. O'Hickey stood beside her and discreetly whispered words of correction whenever needful; then Úna distributed the prizes to the satisfaction of all the competitors'. Thug de Buitléir le fios ag pointe eile gur éirigh le hÚna Ní Fhaircheallaigh an Ghaeilge labhartha a fhoghlaim 'by not minding whether she made mistakes or not'.

Dá bhrí sin, tá Gaeilge shimplí, chaighdeánach, seachas canúint bhlasta na Gaeltachta, le brath ar *Smaointe ar Árainn*, cé go bhfeictear corrfhocal is corrfhrása a bhaineann le Gaeilge Árann ann. Go deimhin, chas Ní Fhaircheallaigh i dtreo Ghaeilge Uladh níos déanaí ina saol, toisc gur rugadh agus tógadh i gContae an Chabháin í. Rinneadh caighdeánú litrithe ar an leagan Gaeilge de *Smaointe ar Árainn*, agus sa leagan Béarla, *Thoughts on Aran*, rinneadh iarracht a bheith dílis don bhuntéacs. Mar sin féin, mar gheall ar an nGaeilge theoranta a bhí ag Ní Fhaircheallaigh an tráth sin dá saol, ba ghá leasú áirithe a dhéanamh ar an aistriúchán Béarla, ach rinneadh iarracht a chinntiú nach gcuirfeadh na hathruithe sin isteach ar bhrí ná ar chiall na n-abairtí féin sa téacs.

Ní mór a rá gur ar mhaithe le feidhm na bolscaireachta a cuireadh *Smaointe ar Árainn* i gcló in *An Claidheamh Soluis* sa bhliain 1901 agus ansin i bhfoirm leabhair an bhliain dár gcionn. Ábhar léitheoireachta a bhí ann do mhná a raibh Gaeilge acu, cosúil le mná Árann, agus do mhná a bhí ag foghlaim na Gaeilge i ranganna Chonradh na Gaeilge, ach go háirithe. Mar a d'admhaigh Ní Fhaircheallaigh féin i dtaobh na dialainne taistil seo '[n]íl sa leabhar beag seo ach amháin smaointe fánacha ar Árainn agus ar a muintir agus fós ar bheagán dár thit amach le mo linn i measc Ghaeil na n-oileán uaigneach ársa úd san fharraige thiar'.

Is mise amháin atá freagrach as aon earráid agus as aon dearmad sa leabhar seo.

Tá mé go mór faoi chomaoin ag Adam Kelly, Nollaig
Mac Congáil, Mícheál Mac Craith, agus Treasa Ní
Fhatharta, Teach Synge, Inis Meáin, a chuidigh liom ar
bhealaí éagsúla agus mé ag obair ar an saothar seo.

THOUGHTS ON ARAN

TO THE PEOPLE OF ARAN

and most importantly

TO MY LOYAL FRIENDS IN INIS MEÁIN

it is in loving memory

of the happy, delightful days I spent among them

that I offer this little book

In December 1902, Agnes O'Farrelly's Irish-language travelogue, *Smaointe ar Árainn* [*Thoughts on Aran*], was published by the Gaelic League, having first appeared as a serial in the Gaelic League's bilingual newspaper *An Claidheamh Soluis* [*The Sword of Light*] exactly a year earlier.[1] O'Farrelly (1874–1951), from Mullagh, Co. Cavan, was then a twenty-eight year old Irish-language teacher in Dublin, having recently received a master's degree in the Irish language from the Royal University, the first woman to attain such a qualification in the subject. Almost simultaneously, she had also become the first female novelist in the language, upon the publication of the slim volume *Grádh agus Crádh* [*Love and Torment*] in 1901.

From a young age, O'Farrelly had seized the new opportunities opening up to her gender: during her teens, she became the most vocal female participant in the country-wide cultural nationalist 'Irish Fireside Club', associated with the *Weekly Freeman* newspaper; by her early twenties, she had become the only female columnist with her local Cavan-based *Anglo-Celt* newspaper.[2]

As soon as she became financially independent, she enrolled in St. Mary's University College, Dublin, in spite of her mother's reservations, and she duly convinced her College Principal to engage the College's first ever Irish-language lecturer so that she could study the language as part of her Arts Degree. Eoin Mac Néill, Vice-President of the Gaelic League, the main cultural nationalist body which was in operation in Ireland since 1893, was recruited and a class was set up, with O'Farrelly encouraging young women from other Women's Colleges in Dublin to attend.[3] Through this initiative, a core group of middle-class and educated female cultural nationalists emerged in the capital city, including Máire Ní Chinnéide and Mary E.L. Butler, who, like O'Farrelly, would go on to play major roles in the Gaelic League's development through the first two decades of the twentieth century, as literary figures, educationalists and language activists.

The *fin de siècle* heralded a new era in the Irish nationalist movement, when cultural nationalism supplanted political nationalism. While some historians attribute this conversion to the disillusion felt by nationalists following the acrimonious Parnell split in the Irish Parliamentary Party, Brian Ó Conchubhair argues in his recent publication *Fin de Siècle na Gaeilge*, that the Parnell split was only one of several factors which facilitated this conversion to cultural nationalism.[4] Cultural nationalism brought with it a renewed interest in the Irish language and indigenous Irish culture, and scholars and artists interested in both began to explore remote, isolated areas where connections to ancient traditions still existed. Thus, during the summer of 1898, P.H. Pearse and J.M. Synge independently and famously set out on their first visit to the Aran Islands, where they immersed themselves in local life. Both would go on to produce writings extolling aspects of the Islands:

Pearse focusing on Inis Mór where he resided on his first visit; Synge addressing life on Inis Meáin in particular.

Less well known is that O'Farrelly also travelled to Aran that summer, and indeed, she lodged in the fisherman's cottage Synge had just vacated (affectionately called 'The University').[5] By then O'Farrelly had finished her second year of study at St. Mary's College, and Eoin Mac Néill had arranged for her to visit Inis Meáin in order to improve her Irish. Over the next five summers which she spent on Inis Meáin, she became fluent in the Irish language and recorded her experiences on the island which would later form the basis of *Smaointe ar Árainn*. The importance of this travelogue lies less in its linguistic features than in the access it provides to the life of women and children on the island, access that the more celebrated accounts of Pearse and Synge do not provide. It is also a document which offers significant insight into the aims and aspirations of O'Farrelly herself and of her beloved Gaelic League: it serves as a platform from which O'Farrelly's belief in equality for women is projected; it depicts the *modus operandi* used by the Gaelic League to promote its ideology on Inis Meáin; and it reveals the manner in which the League's so-called 'Irish-Ireland' principles were assimilated by the islanders.

From the mid-nineteenth century onward, the Aran Islands had begun to attract upper-class British and Anglo-Irish tourists and scholars.[6] The growth in tourism was prompted by the opening of the Great Western Railway in 1851, which connected Dublin to Galway, making the land route more accessible; once in Galway, however, these visitors generally took their own boats to the islands rather than risking a trip on the 'unsafe and unseaworthy' wooden-framed *curacha* (boats) which the islanders themselves used.[7] Noteworthy Irish and European scholars whose interests lay in areas as diverse as ethnography and botany visited the islands, many on the recommendation of Dr William Wilde, father of Oscar Wilde, who extolled the historical wealth of the islands among his scholarly circle of friends.[8] The Aran Islands and islanders offered scholars and artists such as Samuel Ferguson, George Petrie, Heinrich Zimmer, Holger Pedersen and Kuno Meyer what the mainland could not: a limited and self-contained environment in which to carry out their exploratory studies. Scholars assumed that few islanders married outsiders and thus studies of their characteristics and personality traits provided more consistent and more easily assessable results than those of larger, mixed communities.[9] Although visiting scholars held distinct interests, they all lauded the purity of the islands and the virtuous nature of the islanders; several referred to the lack of illegitimate children and the absence of policemen, jails and workhouses on the islands as illustrative of such morality.[10] The poet and antiquarian Samuel Ferguson portrayed the islanders as a 'pure ancient stock', while the artist and antiquarian George Petrie referred to the islanders as having 'wholly escaped contamination' and their character having maintained 'its delightful pristine purity'.[11] This sense of purity and authenticity that so appealed to the values of Victorian science and moralism would also inspire those Irish-language scholars who wished to learn Irish which had never been 'contaminated' by the effects of Anglicisation.

It was this linguistic purity that attracted the first Irish-language scholars and members of the newly-established Gaelic League to the islands in the late nineteenth century. At this time, the Aran Islands had entered a period of transition. Not alone had the islands' communication channels and tourist industry greatly expanded, along with an improvement in the fishing industry, but emigration to America and the influence of emigrants returning to the islands had begun to alter the age-old traditions of the islanders.[12] Rather than celebrating this new diversity of culture, the Gaelic League's protectionist policy in relation to the Aran Islands led it to view such transition as contamination of indigenous Gaelic purity, a contamination which, ironically, the Gaelic Leaguers themselves were unwittingly perpetuating by their very presence on the Aran Islands. Biological metaphors such as 'cancer', 'infection' and 'disease' were constantly used by Gaelic Leaguers to describe the effects of Anglicisation in Ireland; and, indeed, in *Smaointe ar Árainn* O'Farrelly contends that native culture had been completely eroded by Anglicisation on the mainland. This form of contamination had made its way as far west as the Claddagh in Galway, the main point of contact with the Aran Islands, and the Claddagh King, a representation of and revered figure within Gaelic culture, had ended up in the workhouse, a symbol of Irish debasement and of British administration in Ireland. As a result, O'Farrelly believed every effort should be made to protect the Aran Islands from Anglicisation, as they were viewed and promoted by the Gaelic League as the last bastion of authentic Gaelic culture.

The Gaelic League's main aim, according to its constitution, was: '[t]he preservation of Irish as the national language of Ireland and the extension of its use as a spoken language'.[13] Its policy as regards the Aran Islands thus contained a strong element of protectionism. In order to persuade the islanders to conform to the League's ideas of linguistic and cultural purity, its members encouraged the islanders to stay at home rather than emigrate to America, and attempted to instil a cultural pride among them.[14] Nonetheless, at times they found it necessary to supplement the purity they associated with the islands by altering their social life in order to suit the Gaelic League's progressive Irish-Ireland ideals. Rather than leaving the islanders to administer their own social life, they introduced them to the League's modern educational and cultural *modus operandi* of committee branches, festivals which incorporated competitions and open-air entertainment, along with classes in which to learn to read and write their native tongue. Through these events, in which O'Farrelly was intrinsically involved, they promoted not only the Irish language and culture, but also gender equality and social cohesion; however, their very presence on the island brought new class distinctions to light.

The class distinction between Gaelic Leaguers and islanders is most evident in Mary E.L. Butler's romanticised account of a picnic at Dún Chonchubhair, Inis Meáin, in July 1900, which was attended exclusively by a core group of Gaelic Leaguers, including O'Farrelly:

> The skies overhead as blue as the ocean stretching away at our feet for it is a perfect summer's day ... On the floor of the Dún Pádraic Pearse is talking in his earnest way to another 'worker in the cause' ... My sister and I are perched on the topmost wall of the Dún and nearest us are Úna Ní Fhaircheallaigh [Agnes O'Farrelly], Thomas Concannon and Eamon O'Neill ... My sister is concentrating all her attention in the effort of following 'Tomás Bán's' outpourings in Irish for the recreation of a new Irish-Ireland and in listening to the less animated but equally intense [outpourings] of Eamon O'Neill who speaks with a poet's tongue of our dreams and strivings

> ... 'Nothing is true but dreams', I murmur half under my breath for it is a heresy among some Gaelic Leaguers to quote Yeats. But Eamon O'Neill does not dub me as a heretic because I admire other literature as well as Gaelic and he acquiesces repeating – 'Nothing is true but dreams'.
>
> 'If they are not true then we must make them come true', says Úna Ní Fhaircheallaigh quietly … 'Yes', joins in Dr. O'Hickey. 'We so-called dreaming Gaelic Leaguers are the only practical people in Ireland to-day'.[15]

When the sun went down, O'Farrelly proposed a supper and she 'spread a great white cloth on the short grass and [...] all sat round enjoying the excellent roast mutton, ham, and a giant fruit tart'.[16] Such images of leading Gaelic Leaguers eating well and happily together, forging lifelong friendships, reveals how these visitors could look favourably upon Inis Meáin as a holiday destination when they had brought with them all they needed to live comfortably rather than opting to embrace the frugal lifestyle of the islanders. O'Farrelly had even brought her French percolator and coffee which were unprocurable on the island: in contrast to this luxury, the only drinks the islanders had to choose from were buttermilk and black tea.[17]

Since the late 1880s, when the Aran Islands became more accessible to visitors from the mainland, a steady stream of writers had published articles about Aran life, or had used this wild Atlantic landscape as a setting for their work. Fr Eugene O'Growney, a founder of the Gaelic League, recorded his experience of Inis Meáin in an Irish-language series published in *The Gaelic Journal* in 1889.[18] Mary Banim's *Here and There through Ireland*, which referred to her visit to the Aran Islands, was also serialised in the *Weekly Freeman* in 1890.[19] Two years later, the Anglo-Irish writer,

Emily Lawless, published *Grania: the Story of an Island*, in which the titular character is moulded by and inseparable from her homeland of Inis Meáin.[20] Although the plot of this novel, which has been described as 'a rare proto-feminist gem', is fictional, it offers much cultural insight into the Inis Meáin Lawless had visited.[21] In early 1901, Richard J. Kelly's pamphlet, *The Arran Islands*, was published by the Catholic Truth Society and focused on archaeological and historical aspects of the Islands.[22] In terms of structure, O'Farrelly's *Smaointe ar Árainn* was most influenced by O'Growney's account; however, her purpose was to provide an updated account of the visitor's Aran Island experience, documenting the improvements made by the Gaelic League while also promoting its aims and objectives.

By the time O'Farrelly had become proficient enough in the Irish language to write *Smaointe ar Árainn*, a sub-committee of the Gaelic League called 'Coiste na bhFoilseachán' [The Publications Committee] had been founded, with a view to building a literary corpus to fill the void in Irish-language print literature, as there were very few Irish books then in existence. Within the League's constitution, '[t]he study and publication of existing Gaelic literature, and the cultivation of a modern literature in Irish', was second only to the preservation and extension of the spoken language.[23] Thus, writers were actively encouraged to submit manuscripts for publication, and it was through this initiative that her travelogue was published. O'Farrelly's range of vocabulary is limited in *Smaointe ar Árainn* (which is not surprising given that she had been learning Irish for less than five years when she wrote it), often restricting her descriptions to simplified images. Indeed, her linguistic limitations also influence the fragmentary quality of the text. These 'Thoughts' on Aran are not revised thoughts or thoughts offered in reflection, but are immediate responses to her surroundings, sometimes similar to short diary entries. Nevertheless, her work still offers a rare view of cultural primitivism, alongside the invented traditions and modern educational innovation of the Gaelic League.

The romantic and other-worldly nature of Inis Meáin in the summer-time, which O'Farrelly later claimed was 'like entering a foreign land', was much remarked upon by language enthusiasts who visited the island at the turn of the twentieth century.[24] In *Smaointe ar Árainn*, O'Farrelly describes her sense of wonder when she had left the English speakers behind her on the mainland and first saw the island Gaels in their boats, waiting to bring her ashore. Not alone did they speak a different language to her and profess a faith that placed fairies alongside Christian saints, they also had a distinctive woollen dress-code and wore primitive-looking shoes of cow-hide with the fur intact on the outside, commonly known as pampooties.[25] In a letter to her college friend, Hanna Sheehy (later known as Hanna Sheehy Skeffington, with whom she would work in the agitation for women's rights), O'Farrelly told her of the welcome she received upon her third trip to Inis Meáin:

> My heart rose with delight when the corrach [boat] was pitched landward on the top of a big wave and I heard the first sound of the island Gaelic showering out welcomes and blessings.
>
> You should have seen that crowd, old men and old women and children and buachaills [boys] and colleens [girls]. They were nearly the death of me with the heartiness of their welcome. They kissed my hand or kissed me outright – don't be shocked – it was the old

women and we formed a long procession up the 'bohreen' [little road] to the house.[26]

O'Farrelly's letter not only reveals the reverence shown towards her by the people of Inis Meáin, but also the difference in the Gaelic welcoming customs and the more restrained, less demonstrative, Victorian ones to which both she and Hanna Sheehy were accustomed. Nonetheless, O'Farrelly's romanticised representation of the Aran Islands as spiritually and culturally rich contrasted greatly with the contemporaneously emerging national newspaper reports that revealed the abject poverty and suffering which existed on the islands. Deaths at sea were common occurrences. So too was acute hunger and the eviction of islanders from their homes. In times of hardship they could not afford fuel to cook or keep themselves warm, as turf had to be paid for and imported from Connemara.[27]

Having spent one summer in 'An Ollscoil' [The University] on Inis Meáin, where O'Farrelly claimed she felt truly at home, and having witnessed the isolation and difficulties inherent in the work of island women, she sought to improve their social lives, while also promoting the ideals of the Gaelic League amongst them. J.M. Synge, on a return visit to the island, gave an account of the women's reaction to a new social outlet, introduced by O'Farrelly:

> A branch of the Gaelic League has been started here since my last visit, and every Sunday afternoon three little girls walk through the village ringing a shrill hand-bell, as a signal that the women's meeting is to be held – here it would be useless to fix an hour, as the hours are not recognised.
>
> Soon afterwards bands of girls – of all ages from five to twenty-five – begin to troop down to the schoolhouse in their reddest Sunday petticoats. It is remarkable that

these young women are willing to spend their one afternoon of freedom in laborious studies of orthography for no reason but a vague reverence for the Gaelic. It is true that they owe this reverence, or most of it, to the influence of some recent visitors, yet the fact that they feel such an influence so keenly is itself of interest.[28]

O'Farrelly dedicates a chapter of *Smaointe ar Árainn* to 'The Women's Branch' of the Gaelic League, which she established in August 1899, a year after a men's branch of the Gaelic League was established in both Inis Mór and Inis Meáin.[29] This branch provided the first dedicated leisure time that the island women experienced: their days were generally spent spinning wool, knitting, gathering carrageen moss, digging crops, collecting water from the well for cooking and looking after their children and husbands.[30] In *Smaointe ar Árainn*, O'Farrelly claimed that after some encouragement, one woman suddenly decided 'we will have our own branch now, no thanks to the men'. Then, according to O'Farrelly, the other women replied '"we will, with the help of God", they said together'. O'Farrelly's use of 'together' emphasises the unity which the Gaelic League sought to forge between language enthusiasts. However, it was O'Farrelly, with her keen interest in women's educational equality, who clearly instigated this branch.[31] At its inaugural meeting, she emphasised the importance of Irishwomen's historical lineage and their strength and courage, citing the example of female solidarity in Limerick during the time of Patrick Sarsfield in the seventeenth century, when the women of the city drove out the English foes.[32] She used this example in an effort to empower the women of Inis Meáin, while also highlighting their own role as defenders of Gaelic culture from what she viewed as the threat of Anglicisation.

O'Farrelly's chief aim in establishing this branch was to educate the women of Inis Meáin: although all were native Irish speakers, 55% of them were illiterate according to the 1891 census. This far exceeded the female illiteracy rates on the other two islands; however, the men of Inis Meáin were more literate than those on Inis Mór.[33] One of the first initiatives of Craobh Aighnéas Ní Fhaircheallaigh [the Agnes O'Farrelly Branch], as it became known, was to establish classes every Sunday in which women were taught to read and write.[34] Indeed, of the literate island women, it is likely that few, if any, were literate in the Irish language, as their native language was not taught within normal hours of the primary school educational curriculum.[35] It was soon reported in *An Claidheamh Soluis* that '[t]he girls all seemed anxious to learn the native language. It was surprising to see how well they wrote the Irish copies set'.[36] O'Farrelly herself provided several examples of how the women assimilated learning into their everyday laborious tasks. In *Smaointe ar Árainn*, she claimed that 'I have often met a woman carring a child on her arm, while reading a book on her way to the well'. Through this branch, she promoted many of her ideals: the Irish language, social unity, and most importantly to her at this time, female emancipation through education. Educational attainment, as she knew from experience, empowered women, and gave them the self-confidence to become actively involved in their community and offer their own ideas, skills and resources for the purpose of social betterment. O'Farrelly was thus preparing Gaelic women for a new and more active role in Gaelic society. Educated mothers were able to teach the language to their children, and on a visit to Inis Meáin in 1900, she wrote to Eoin Mac Néill, informing him that:

> If you visit Inis Meadhon this year, I am quite sure your
> heart will be lifted with joy when you see the work they
> are doing there. Many a boy on the island is able now to
> read and write Irish correctly. To think that there wasn't
> as much as one of them capable of doing so when you
> began to teach Máirtín eight years ago.[37]

Where traditions did not exist in Aran, O'Farrelly and her Gaelic League colleagues were quick to invent and authenticate them. Haddon and Browne, in their study of 'The Ethnography of the Aran Islands', published in 1893, had claimed that the islanders appeared 'to be distinctly non-musical, as is evidenced by the fact that there is no piper, fiddler or musician of any sort on the islands'.[38] The Gaelic Leaguers wished to promote a multi-faceted view of indigenous culture, and so held singing competitions and imported pipers from Connemara for their special occasions.[39] The Feis (1900) and Open-air Entertainment (1902) which were held on Inis Meáin and to which O'Farrelly refers in *Smaointe ar Árainn*, were the Gaelic League's chief means of propagating its ideals.

It had by then been ascertained by the League that 'seeing well-dressed, educated men and women coming a great distance to join in Irish competitions has already proved itself a great influence amongst the poorer people'; this highlights both the unavoidable inequality and class differences between the islanders and Gaelic Leaguers, and also the means of instilling cultural pride within Irish-speaking communities.[40] Haddon and Browne stated that 'the well-attended, winter-evening tales of the *Scealuidhe*, or story-tellers, are the only *historical* entertainments of this primitive, simple and sequestered people'; however, in *Smaointe ar Árainn*, O'Farrelly attempted to legitimise the Gaelic League's feis as an age-old facet of Gaelic culture, when in fact it was a modern construction and a means through which Gaelic culture could be condensed and showcased.[41]

In spite of class differences, the festival united, celebrated and rewarded people for their talents, encouraging them to pass their Gaelic culture on from generation to generation. O'Farrelly portrayed the Feis to her readership as a link to the Gaelic past. It unveiled 'everything that concerns the sweetness of the language and ways of our ancestors long ago; everything that concerns the Gaelic spirit returning to us as we enter the twentieth century'. In *The Invention of Tradition*, Eric Hobsbawm explains how such staging of tradition was an 'attempt to establish continuity with a suitable historic past', and the Gaelic League certainly sought to assert the authenticity of the ancient Gaelic culture through such events.[42] While islander perspectives regarding such events are rarely recorded in print, Máirtín Mac Donnchadha, son of the proprietors of 'The University', who taught Irish to J.M. Synge, wrote to him (then in Paris), informing him that '[t]here was a great Feis [Festival] in this island two weeks ago, and there was a very large attendance from the South island [Inis Oírr], and not very many from the North [Inis Mór]'.[43]

In *Smaointe ar Árainn*, O'Farrelly's accounts of indigenous communal gatherings on Inis Meáin, whether marriages or wakes, are noteworthy due to their brevity and relatively insignificant position within the text. The islanders had specific customs regarding matchmaking, and marriage was, according to Nurse Hedderman (then the only nurse on the island), 'more of a commercial bargain than an affair of the heart', a claim which reveals that although the islanders had little material wealth, they certainly recognised its uses.[44] Against this, O'Farrelly's brief depiction emphasises the communal aspect of marriage and her own participation in the ceremony. And, unlike Synge, who describes the heightened emotional performance of keening in great detail in *The Aran Islands*, O'Farrelly's description of the lament accompanying a baby's death is minimalist. While she wishes to acknowledge the occurrence, she claims that the memory is too painful to further explore: 'I often still hear the sound of that keening in my ears – the saddest sound I have ever heard'. Rather than emphasising mortality, O'Farrelly preferred to depict the physical strength, along with the attractive and youthful aspects, of the islanders.

The difficulty of separating ideological representation from the underlying reality of island life emerges through various incidents as witnessed and recounted by O'Farrelly in *Smaointe ar Árainn*. This also comes to the fore in the photographs which O'Farrelly took with her hand-held camera and selected to appear in her travelogue, photographs that are revelatory of her own and the Gaelic League's attitude towards the Aran Islands. They portray both ancient Gaelic monuments and Christian artifacts, endorsing the physical presence and thus continuity of Aran's religious and Gaelic past. Several showcase the Gaelic League's new activities in Inis Meáin, which portray unity through group shots, emphasise the presence of women, and stress the centrality of 'The University'. The seemingly authentic and industrious Aran culture is portrayed in photographs entitled 'A Woman Weaving' and 'A Boat being made'. These images may be closer to cultural performance than an objective view of Aran life, however, as is also the case with Synge's photography. In *The Aran Islands*, Synge recounts his experience of taking a photograph of an Aran Islander, stating that:

> We nearly quarrelled because he wanted me to take his
> photograph in his Sunday clothes from Galway, instead
> of his native homespuns that become him far better,
> though he does not like them as they seem to connect him
> with the primitive life of the island.[45]

Both Synge and the islander in question sought to validate opposing cultural representations through this photograph: the homespuns authenticated Gaelic culture for Synge, while Sunday clothes from Galway represented respectability and a movement towards modernisation for the islander. Both were concerned that the image would depict reality; yet it is clear that differing ideas of the reality of Aran life were involved for both men. O'Farrelly's own representations of the island, both written and photographic, must also be considered with this in mind.

O'Farrelly's good relations with the islanders appeared to be reciprocal. Belinda Butler, sister of Mary E.L. Butler, later claimed that O'Farrelly 'was wonderfully popular with the islanders, and I think this was due to the tactful way she conducted her propaganda work for the language and her love for the little children'.[46] Indeed, it was claimed in *An Claidheamh Soluis* that 'no other man or woman who has ever visited has been so popular with the locals'.[47] The islanders offered her the Irish language and a warm welcome into their homes; she improved their social lives and provided them with exotic supplies, such as books from the mainland and plentiful sweets, the latter representing an international language that proved popular with the children. The final episode in *Smaointe ar Árainn* perhaps best epitomises O'Farrelly's portrayal of the islanders. She relates how a young girl approached her as she was preparing to leave Inis Meáin, and gave her 'a nice, little, half-worn ring and it was probably in the family since olden times'. The girl explained that her mother had sent the ring to O'Farrelly, and apologised that she had nothing more worthy of her. O'Farrelly did not take the ring, believing it to be the only gold which the girl's sick mother possessed, but used this event as an example of the 'generosity of the Gaels' who cherished friendship over material wealth. Questions could easily be raised over whether this was in fact an unequivocal gift, particularly when women of two different classes were involved, but what is important is that O'Farrelly construed it as a gift rather than a bond which would force her to look after the sick woman in some way. Yet her refusal to take the gift also highlights the hierarchies between visitor and islander, hierarchies which could never be fully overcome in spite of the Gaelic League's wish to create a classless, unified society.

Smaointe ar Árainn is essentially a social and cultural document which offers glimpses into life on the Aran Islands at the turn of the twentieth century, from the perspective of an outsider with a warm but manifest agenda. While certain issues are treated with some subtlety in this travelogue, other issues serve a blatantly propagandist function, such as O'Farrelly's view on the English-language sermons of the parish priest, which the islanders could not understand, and her claim that she heard a young island man announce that he would not marry a girl from Inis Meáin if he saw her wearing a foreign-looking hat. As this travelogue was written in simple, unostentatious language, it is more than likely that O'Farrelly envisaged it as suitable reading-material for the women of Inis Meáin, as they endeavoured to learn to read their own language in their Women's Branch of the Gaelic League.

Yet despite O'Farrelly's encouragement of Aran women to learn to write in their own language, they have provided little evidence of their lives in written form. In contrast, the next generation of Aran men, born during the revivalist period, saw the emergence of a number of major writers. Liam O'Flaherty (1896–1984), for example, offers a satirical account of revivalist Aran and the role of the Catholic Church on the islands in his 1932 novel *Skerrett*. The popular Irish-language poet Máirtín Ó Direáin (1910–1988) also articulates the life and heritage of the Aran Islanders, a feat arguably aided by the Gaelic League's encouragement of native speakers of the previous generation to read and write in their own tongue. As has been well documented, the Blasket Islands supplanted the Aran Islands as choice destination for serious language scholars in the early years of the twentieth century, due to their more isolated location and thus seemingly purer Gaelic culture. So it is that the autobiography of Peig Sayers, published in 1936, may come closest to describing the lives of the women on the Aran Islands from their own perspective. Hence, although O'Farrelly's *Smaointe ar Árainn* offers the view of an outsider looking in on Aran life, it, like *Peig*, plays an important role in documenting facets of age-old Gaelic culture as they yielded to modernity in the early twentieth century. It deserves to be read by anyone with an interest in the fate of that culture in modern Ireland.

NOTES

1   *An Claidheamh Soluis*, 21 December 1901.
2   Ríona Nic Congáil, '"Fiction, Amusement, Instruction": The Irish Fireside Club and the Educational Ideology of the Gaelic League', in *Éire-Ireland*, 44:1&2 (Spring/Summer 2009): 91–117.

3   Kathleen O'Brennan, 'Dr. Agnes O'Farrelly', in *The Leader*, 19 August 1944.

4   Brian Ó Conchubhair, *Fin de Siècle na Gaeilge: Darwin, an Athbheochan agus Smaointeoireacht na hEorpa* (Indreabhán, Co. na Gaillimhe: Cló Iar-Chonnachta, 2009), 1–11.

5   *The Gael*, October 1901, 314.

6   *Freeman's Journal*, 7 September 1857, *Freeman's Journal*, 17 December 1875; *Glasgow Herald*, 19 August 1885.

7   *Freeman's Journal*, 23 March 1892.

8   *Freeman's Journal*, 7 September 1857.

9   A.C. Haddon and C.R. Browne, 'The Ethnography of the Aran Islands, County Galway', in *Proceedings of the Royal Irish Academy* 2:3 (1893):768–830; *Leeds Mercury*, 15 January 1895.

10   *Leeds Mercury*, 15 January 1895; *Belfast News-Letter*, 5 February 1896.

11   Haddon and Browne, 'The Ethnography of the Aran Islands, County Galway', 803.

12   Fraser MacHaffie, 'Facilities for Transit: the Congested Districts Board and Steamship Services', in *Irish Geography* 28.2 (1995): 91–104; *Belfast News-Letter*, 5 February 1896.

13   *Constitution of the Gaelic League* (Dublin, October 1896).

14   Úna Ní Fhaircheallaigh, *An Cneamhaire* (Dublin: An Cló-Chumann, 1902).

15   Dame Columba Butler O.S.B., *The Life of Mary E.L. Butler*, NLI, MS 7321.

16   *Ibid.*

17   *Ibid.*; Seán Ó Lúing, *Kuno Meyer 1858–1919: A Biography* (Dublin: Geography Publications, 1991), 7.

18   Eoghan Ó Gramhnaigh, 'Ára na Naomh', *The Gaelic Journal*, 3:32 (1889): 126–128.

19   *Weekly Freeman*, 6 September 1890.

20   Emily Lawless, *Grania: the Story of an Island* (London: Smith, Elder & Co., 1892).

21   James M. Cahalan, *The Irish Novel: A Critical History* (Dublin: Gill and Macmillan, 1988), 82.

22   Richard J. Kelly, *The Arran Islands* (Dublin: Catholic Truth Society of Ireland, 1901).

23   *Constitution of the Gaelic League* (Dublin, October 1896).

24   *The Leader*, 19 August 1944.

25   *Leeds Mercury*, 15 January 1895; *Belfast News-Letter*, 5 February 1896.

26 O'Farrelly to Hanna Sheehy, 18 July 1900. Sheehy Skeffington Papers, NLI, MS 41,177/37.

27 *Weekly Freeman*, 21 April 1894; *Freeman's Journal*, 23 March 1886.

28 J.M. Synge, *The Aran Islands*, ed. Tim Robinson (London: Penguin, 1992), 68.

29 *Weekly Freeman*, 20 August 1898; *Weekly Freeman*, 27 August 1898; *Fáinne an Lae*, 26 November 1898.

30 *Belfast News-Letter*, 5 February 1896.

31 *An Claidheamh Soluis*, 12 August 1899.

32 *Ibid.*

33 A.C. Haddon, and C.R. Browne, 'The Ethnography of the Aran Islands, County Galway', 796.

34 Máiréad Ní Chinnéide, *Máire de Buitléir: Bean Athbheochana* (Baile Átha Cliath: Comhar, 1993), 49.

35 Séamus Ó Buachalla, 'Educational Policy and the Role of the Irish Language from 1831 to 1981', *European Journal of Education*, 19:1 (1984): 75.

36 *An Claidheamh Soluis*, 19 August 1899.

37 O'Farrelly to Eoin Mac Néill, 14 August 1900. Mac Néill Papers, NLI, MS 10,882.

38 A.C. Haddon and C. R. Browne, 'The Ethnography of the Aran Islands, County Galway', 800.

39 O'Farrelly to Hanna Sheehy, 18 July 1900, Sheehy Skeffington Papers, NLI, MS 41,177/37.

40 Muiris Ua Dubhda, 'For the Purpose of Promoting Irish' in *The Annual Report of the Gaelic League 1901–2 and Proceedings of the Árd-Fheis, 1902* (Dublin: The Gaelic League, 1902), 92.

41 A.C. Haddon and C.R. Browne, 'The Ethnography of the Aran Islands, County Galway', 302.

42 Eric Hobsbawm and Terence Ranger (eds), *The Invention of Tradition* (Cambridge: Cambridge University Press, 2003), 1.

43 Synge, *The Aran Islands*, 77–8.

44 B.N. Hedderman *Glimpses Of My Life In Aran: some experiences of a district nurse in these remote islands off the west coast of Ireland, Part I.* (Bristol: John Wright, 1917), 100.

45 Synge, *The Aran Islands*, 85.

46 Mère Columba Butler O.S.B., 'Agnes O'Farrelly And Aran: Some Memoirs', in *The Capuchin Annual*, 1952, 476.

47 *An Claidheamh Soluis*, 15 July 1899.

THOUGHTS ON ARAN

This little book contains only some random thoughts on Aran and its people and on a few things that happened while I was among the Gaels of those lonely, ancient islands in the western sea. I did not set out to give a detailed account or full description of the islands or of their inhabitants either in olden or present times.

Most of the material in this book has already been published. Most of it is available in *An Claidheamh Soluis*, December edition, 1901. The chapter which is called Inis Meáin's 'Open-air Entertainment' can also be seen in *An Claidheamh*, 30 August 1902. As regards 'Pattern Day' and 'The Day of the Feis', they are published here for the first time.

Dublin
20 November 1902

> If I were out in Aran,
> Or near Gleann na Séad,
> Where every great ship travels.

I did not know the true Gaels until the first time that I went west of the Shannon, almost three years ago. That's the truth, indeed, even though I had always thought that I was an Irish person, just like many generations of my family before me.

In the English-speaking regions, we do our best to be Irish people, but, somehow, we do not properly understand how to be so. I don't claim that the people do not feel a great love for their country in the areas all over Ireland in which Irish was not alive during our lifetime. They undoubtedly do, and often maybe more so than the Irish speakers themselves. But the fact of the matter is that the thoughts and customs of the English are ruining us without our knowledge in such places. Those bad habits and more besides came to us with the foreign language; and for that reason, the blame does not rest on us exactly, but on the people who came before us.

Anyhow, I discovered the true Gaels about three years ago and this is how it happened. Having reached Galway one day in August, around midday, I headed for the Claddagh. My first taste of the language was from two fisherwomen nagging each other at the doors of their houses. Perhaps it was not fair of me, but nevertheless, it pleased my heart to be listening to them – it did indeed. 'Isn't it great even to hear quarrelling in the language of the country?' I said to myself even though I did not understand so much as a word of what was going on between them. On that day, the sound of Irish was to me just like wine to a person without strength or like water to a wanderer in the desert.

In the end, when they tired of having words with each other and were left speechless, I left them behind me and proceeded to the stony beach.

There was a group of children on the sand beside the sea and they were gathering little things – bits of wood, and a lot of other such things that the tide had brought in with it. I did not have enough Irish to be able to talk to them but I had sweets in my pocket, and they certainly understood them. They understood very well, and it was not long before there were as many as twenty children surrounding me and all of them looking at me in wonder.

They were shy at first, but after a little while they put aside their fear and they explained to me in broken English everything I asked them.

I searched the whole Claddagh with the children by my side or after me.

'Where is the King?' I said.

'In the Workhouse', said one of them.

'In the Workhouse! Is that how you honour the King?' I said.

'No', said one tiny little girl, 'but we are too poor to support him. However, we do our best. I was sent to him last Sunday with a quarter-pound of tobacco and a pinch of tea and next Sunday some other tasty little thing will be sent in to him'.

'The human heart is a strange thing', I said to myself, 'and the folklore of the Gael is stranger still'.

I spent the greater part of the day in that way, going around the Galway neighbourhood, but the next day, I left the old city behind me and I was out on the ocean, heading for Aran of the Saints – moving and moving steadily until we left Black Head to the south behind us, and we could see the islands of Connemara ahead of us. At last I saw what appeared to be a whale raising his back out of the waves – you would say it was a grey whale – and it was not long before another raised itself in the same way, and after a little while, a third one.

But then they all changed shape, so that each one of them looked like they were becoming a big stone. They were getting bigger by the minute: they were the Aran Islands! Drawing towards them, it was hard for anyone to imagine that there are people, and a lot of people too, living on them. It was hard to imagine that there is a livelihood for a man or a beast in such a rough, stony place. It was not long, however, until five curraghs came out from one of the islands. The little steamship I was on stopped until they reached us, the crews in them competing with each other to see who would be the first to be able to put their goods on board.

Looking around me, I thought I had landed in a different world – flannel or blue woollen clothes worn by the men and red flannel on the women who were sitting at the end of the curraghs; they wore shoes of cowhide from which the fur had not been removed, wearing them on their feet just as it grew on the animals; and stranger still, a new language was being spoken on every side of me – and to say that that was the language of my ancestors and here was I a foreigner without knowledge of it or of the customs of my own country. Who is to blame? Me or the people who came before me? Everything that happened here, happened in almost the same manner close to the second island, and, finally, we reached the harbour and landing-place in Inis Mór, the largest and richest of the Aran Islands; but, of course, that is not to say that the richness of this life is available in any of the islands. It is not, indeed; but instead of that, what should be said is that there is not as much distress and poverty weighing on and afflicting the people of this island as their relatives on the other islands.

There are many graveyards and old churches to be seen among the rocks here and there, and the saying goes that you wouldn't be able to count all the holy people who are buried in the soil of Aran if you were at it until doomsday. It is certainly not difficult to believe that.

I will never forget the time I spent at the Seven Churches. A small, insignificant graveyard in the west of Inis Mór and ruins to be seen on every side there – that is how the Seven Churches are now, but they had their own day once. They are situated in a little green glen, the verdant grass growing there, and with only rocks close by. In that blessed place there is nothing more ancient, they say, than the seven narrow graves in the northern corner of the graveyard. SEPTEM ROMANI! Except for that, there is nothing else to be found or to be seen on the small flagstone above those graves, and I was told in the locality that according to the recollections of the people of our time, it was seven foreign saints who came from Rome in olden times who are laid out under the sod there. Ah, isn't it a lonely island, far from their country and their own people on which they found themselves through God's revelation and guidance; and isn't it lonely in this narrow place to be waiting for the resurrection until doomsday!

Having read those little words in their own language, there were tears in my eyes; but I got up and looked out at the ocean – the same sea without change, without transformation, which the SEPTEM ROMANI looked at long ago – and I felt its expanse without limit, without border; the waves bursting and breaking on the beach just as they used to – and as they are still – for hundreds and thousands of years.

I heard the stormy wind as it played around and I heard the surf leaping up in front of it. Here for a while and for all eternity: – that is the sound of the northern wind and there it is again, the whispering of the waves out on the endless sea. I listened to them for a long time and I understood, I thought, the mystery of the graves at my feet.

The curragh I was in landed on Inis Meáin on the crest of a wave. There were a lot of people on the big landing-strip to help us. Páidín himself was there – Páidín Mac Donnchadha, the man of the 'Irish University'; and, shaking my hand, he welcomed me to Inis Meáin. He brought me up the little road, all the while talking non-stop in Irish and showing me the old wells and other things. Needless to say, all that rich Irish was lost on me while I was hurting my legs on the sharp stones and not uttering as much as a word. At last we reached the University itself, a house that is located a little distance away from the other houses with a little pathway surrounding it.

'Five hundred thousand welcomes', said Bríd, standing in the doorway. 'Are you tired?'

I understood all that she said but I wasn't able to answer her in Irish. I went into the house, the same house in which Father Eugene O'Growney – God bless his soul! – learned the ancient language, and I felt as if I was really at home at last. I was indeed, and I do not mind saying that I was very happy on that account.

The neighbours came to us for a visit that afternoon and each of them shook hands with me and, even though I did not understand all that they said, I knew well that they were offering me the welcome of the Gaels. They started to tell old stories and recitations. I was sitting in the very middle of the kitchen, wondering at the brightness of the wall and the sound of Irish in my ears; and, even though I did not understand all that they said, I actually felt that Irish was my natural language. I felt, as they say, the echo of its sweet sounds in my heart already, and there is not a living Irish person now who would not feel the same.

The second day I spent on Inis Meáin was the Feast Day of Mary's Birth; and as I set out alone in the early morning, walking along the little road, I thought that I should make an effort to speak a little Irish. I knew that it was coming up to Mass time, and I decided to ask the first person I would meet if he was going to Mass. That was a simple little question, and who did I meet but a little boy no more than ten years of age.

'Are you going to hell?' I said.

He opened his little eyes, filled with terror.

He looked at me for a moment; and then he turned on his heel, and off he went as if he was being chased by a thief or madman.

'Aren't the children of this place wild?' I said to myself, and for a long time afterwards I did not fully understand what had happened; but, when the story was explained to me, needless to say I laughed about it as well as everyone else.

That day and for a week afterwards I did not understand what they were saying except when a person who was learning Irish there explained to me the odd word of what was being said.

'Stiofán is very keen on Irish', Bríd used to say; but I was actually thinking to myself that if I had as much Irish as he had, then I would be eternally happy.

Stiofán had to leave the island a week later. From then on I had to stand on my own two feet. It was a lovely thing when waking up to be listening to the sound of Irish inspiring a person first thing in the morning and it was a happy feeling to go to sleep at the end of the day with the same sweet sound in one's ears.

The last day that I spent on Inis Meáin that year, we made our way down to the landing-place. There were a lot of people, both young and old, who were by my side that day; but where was my friend, Páid Ó Fathartaigh, the man who had been reading Irish to me since the first day I reached the island? Where was he? When we had walked halfway down the road he came out past the ditch ahead of us with half a crown in his hand. He was looking somewhat uneasy and remained quiet for a little while.

'What is wrong with you, Páid?' I said finally.

'It's just', said Páid, 'that I have an old prayer book. I got it from Archbishop Mac Hale as a present a long time ago, when I made my confirmation. It's almost worn now and I would like to get another copy of it. I would like that more than a farm of land. I don't want the one I got from the Lion himself to get completely worn. I'm afraid, dear lady, that I am giving you too much trouble, but you don't understand the story exactly. I got it from his own hand because I knew the Catechism off by heart and – '

'I understand, Páid', I said. 'You don't need to say anything more'.

The girls used to come in every Sunday to the branch of the Gaelic League that was established for the men. It was not long before they were seized with a strong urge to learn Irish, and they became jealous as they did not have a branch of the League of their own. They were encouraged on that front and this was what one of them said.

'We will have our own branch for ourselves now, no thanks to the men'.

'We will, with the help of God', they all said together.

And that was what happened; but, however, not without thanks to the men exactly, because most of them came to help their kinswomen the day the Women's Branch was being established.

From that day on there was great competition between the two branches, and the following year the women won a lot of the prizes that were being awarded at the Feis for reading, recital and so on. Very few women on the island now cannot write a letter, more or less, or at least read a piece of Irish in the afternoon when she has finished the day's work. I have often met a woman carring a child on her arm, while reading a book on her way to the well.

One fine afternoon when we were having a meeting in the Schoolhouse, there was a woman passing by, with a spade in her hand going to dig potatoes. She heard the singing and she came in to us.

'I'll only stay for one minute', she said. 'I have to dig up my dinner'.

All was well for a little while. She sang us a song or two. I looked at her now and again, and I felt that she did not notice that the time was passing by. She looked so happy that I could not bring myself to remind her that it was getting late. She stayed with us for three hours and the end of the story was that she was the last woman to leave the meeting. The sun had almost set when the same meeting ended, and I asked her was she not hungry.

'I am, indeed!' she said. 'But what odds? I never spent a more enjoyable day than the time I spent here. I have my dinner every day of the week, but we never had the like of this ever before now'.

Needless to say she received an invitation to attend any time she liked, and I can vouch that she attended every meeting of the Women's Branch from then on.

She took her spade with her out of the school that day and I could hear her voice for a long time as she hummed, 'Mary, you are my one true love!'

I remember well the fine day when we got into a curragh travelling to Inis Oírr, the smallest of the Aran Islands. The sea was very calm altogether, and the colours on the water were constantly changing – from black to blue and from blue to green and soon again to dark blue. We were in no hurry and because of that, we let out the fishing-lines to catch mackerel; but, of course, they were too wise for us and all that we caught that day wasn't of much use to Seán. I still remember how we went ashore on the hot sand, the sun shining on us and on the people who were standing on the beach.

The place where the curraghs are made was not far from us and we went up to see them being made. There was a nice new curragh all ready and facing the sun, the tar covering it sparkling in the sunlight. The skeleton of one or two curraghs were to one side and a lot of old curraghs were in the process of being fixed.

After that, we spent most of the day travelling the island and looking at the old churches and other things there, and especially Grace O'Malley's castle which sits on a green-coloured height up above the sea.

In the evening when the sun had set and its after-light was falling on Dún Firbuí in front of us, and the shadow of the clouds lying down on the sea east of the Cois, we made our way back to Inis Meáin again. We arrived at the ramp, or the slip as it is called, just as the fishermen were going out to sea for the night.

We were often on the Southern Island after that, but it is the first sight of any place that remains in a person's mind.

PATTERN DAY

Many a step is entailed
If the poets' words are true
The man of valour must reign supreme
In order to safeguard inheritance.

I have never met any other group of people who are so taken with music as the people of Aran; but, be that as it may, there is no piper on any of the islands. Once a year, when the pattern is taking place on any one of the islands or on some other occasion now and again, when they are to have a big wedding there, for instance, that is when they have to send for a musician from Connemara.

The young look forward to and long for the coming of the piper and needless to say there is no living person who visits the island who is welcomed more heartily than he. The people of each island have a particular pattern, but all of the people come together for each one of them.

The piper was playing and the dancers out dancing in the open air when the kind sister of the parish priest and I joined them on the day of the great pattern on Inis Mór. There were hundreds present, both men and women, and they were enjoying themselves immensely in front of us.

It seems that every person has forgotten the sorrows and worries of life on this day. They don't seem to be thinking of the past or of the future. They are living in the present time, and good for them, I say. It is difficult to judge, with such a sight in front of us, that the happy time which the poet mentioned has not come to pass:

Henceforth poets will dispense fun in song,
With musicians playing sweet, polished tunes.

The old people who are not moving about are sitting in groups here and there, talking about what happened during their own youth. It is their opinion, as is usual for old people since the beginning of time, that bit by bit, the world is getting worse day by day.

The woman with the sweets from Galway is sitting at the edge of the gathering, with a basket of oranges to her right and a dish of sweets to her left. There is a crowd of children around her, looking as happy as they have ever been. It is difficult to see her properly because of all of them gathered around her. Máire herself is at the other side of the crowd, standing beside a table on which there are biscuits and other things displayed. Girls and young boys go up to this table, and, indeed, it is many a penny that this honest woman puts into her pocket.

There are two children, however, behind the table, both with eager eyes looking shyly at all that is laid out in front of them. They are children who have no mother, and it occurred to nobody that these orphans might need some money today.

God bless your womanly heart, sweet-woman! It does not take you long to notice the small, black eyes that are looking longingly at your wares.

'Put out your hand, love! Here you go, a handful of sweet things. And you, young lad! Now, isn't this a nice cake I have for you here? Get out of my sight now, you plump boy. Out of the way, I tell you!' and with that, the small, smart woman is ready to serve the next person.

Here young people of the three islands are dancing together. Two or four of them have hardly finished a dance when another group get up, and so on.

At first they dance facing each other and after that they swap places as the music changes. In and out past each other then, and finally they go on their way. Other people step in and take their place and are praised by the crowd. There is no danger that any dancer will forget to put a copper on the plate which the piper has put beside the chair.

We want to have a bit of fun and enjoyment and we step forward just like everyone else. But as nobody wants to ask us to dance, we have to ask, strange to relate, two men to go out dancing with us. They are extremely shy, but as Peadar Choilm from Inis Meáin says to me: 'Hard as it is for me to dance with you, my lady, it would be harder for me to refuse you'.

This dance causes a reason for rivalry between the two islands. 'More power to you!' 'Go on, 'Inis Mór!'' 'Inis Meáin forever!' 'May you live a long life, Peadar!' At the end when we finish dancing, the people of each island think they have won. Such is a happy end to a competition, and there is no danger that there will be any complaint about it or that there will be anything but friendship arising from it.

The pattern is still in full swing, even though night and day are parting from each other. The priest's gardener, Little Séamas from County Mayo, is up on the road waiting to bring us home. We say goodbye to our friends, old and young, and we say that it will be a long time before the memory of that day will leave our minds.

It is said that the people of this world pay for every happiness that comes in their direction, and here is Séamas giving out to us because we went out to dance in such a place among 'wild people'. Those were the words he uttered while we were on the road home.

God help your sense, Little Séamas. Those people are the nobility of Ireland, the true tribe of the country, uncorrupted and unchanged, and very few of them are left in our day. Indeed, they are the most vivacious people in the whole world all things considered. Isn't it a source of pride for us that we spent even a day with them practising old Irish customs which we have now lost on the mainland.

But Séamas does not understand this matter, and indeed, I'm not faulting him for not understanding it. He is a good Irishman in his own way – the most kind-hearted and most uncomplicated man that I have ever met. Nobody knows exactly where these warped ideas that we have in this country as regards the manners and ways of the people have come from – it is said that they come from the destructive schools and the loss of the language as a result of them, and it is also said that they have reached us from England. That does not matter, because whatever the reason, these unnatural thoughts have entered the minds of the people, and it will be a long time before they are dispelled.

It would have been useless to try to get that across to Séamas. We therefore drop the subject and turn to a different topic.

We have three miles of a journey ahead of us but Séamas has plenty of stories. He is very fond of the fairies and there is nothing he likes to do more than describe them from one end of the year to the other.

As we go over the top of a hill, the rough cliffs of Inis Meáin appear all of a sudden. This reminds the storyteller how guilty we were a short time ago. He shakes his head slowly and this is what he says after a little while:

'I have to inform the priest himself of all that happened. Indeed, if I didn't do that, it would be bothering me'.

Our friend is probably content with the important secret which he holds. He starts to discuss the fairies again, and he has not finished when we reach the small town beside the sea.

THE DAY OF THE FEIS

A well which never ran dry and was full of kindliness.

A Feis of our own here! A Feis like a festival in olden times in Ireland! Competitions for old and young: stories and songs and speech-making; all that has to do with the sweetness of the language and the customs of our ancestors long ago; all that has to do with the spirit of the Gael coming back to us again as we approach the twentieth century of the world!

Was the like of this ever heard of before now? Of course it wasn't, dear friend; but there are more things, as Hamlet says, in heaven and earth, than are mentioned among literary folk. 'When it happens, it will happen with force', says the Gaelic poet, and that was how it was.

Outside under the skies – the sea surrounding us and the sunlight shining on us in order to keep the fairies away – that is how it was construed in our minds beforehand; and it was no wonder that the blood in our veins flowed faster when we thought to ourselves that we would see with our own eyes such a great gathering in the middle of the locality.

And it happened that things turned out this time as expected, even though the clouds were threatening on the morning for which we had arranged 'The Dialogue of the Poets'.

There was a great early rising so that everything would be in place for the afternoon. The organiser, Tomás Bán himself, was present, and giving every help he could to further the work of the big day. I still remember very well how that morning was spent. I see again clearly the men of the island coming down across the rocks, making their way to the Feis area, a wooden table being carried on the shoulder of one of them, an empty barrel on the shoulder of another, and so on.

The platform is soon arranged under the direction of Tomás. It is placed nicely in the middle of the slippery slabs and the islanders start to gather around it. Here is a group of children coming over from the top of the town, their little books in hand for the competitions, and chatting happily among themselves. Here are two others walking down the road beside the Schoolhouse, carrying a chair between them. If you asked them: 'Who is that for?' the answer you would immediately receive would be: 'For our own Priest', and if you asked them furthermore: 'Who is 'our own Priest?'' they would be surprised, and would point towards Doctor Ó hIcí, saying: 'Father Mícheál – who else?'

I see an old lady and a child coming behind them, and they are hand in hand. She is saying her prayers aloud, and now and again she raises her eyes, looking at the skies. She is well advanced in years, and, of course, she will soon be leaving this world. You would know from looking at her that death is closing in on her already. The bright sheen which is whitening her complexion is like a glimmer of light from the next world. She has little interest in things that relate to this world; but later, when Éamann will be talking about 'The Knight of Tricks', she will be laughing along with everyone else.

There are Seán Ó Meachair and Colm himself coming slowly from the east. I guarantee that they are discussing the Fianna in such a serious manner, because what is closest to the heart is closest to the mouth.

Here comes a group of girls along the little road from the east, and they are laughing playfully about some fun that they are having. They are fine, attractive girls, their hair well styled and their skirts reaching their ankles. It must be said that the same ankles are shapely and can be seen over their low shoes that they call pampooties. Their eyes are as blue as the summer sky, and their cheeks are the colour of health, the 'colour of berries' according to the poet. It appears to me that the same poet was thinking of such girls when he composed:

> Her eyebrows are thin, like the trace of a pen,
> By a meticuluous scribe, above eyes without blemish;
> And her smooth, sweet mouth, like a fairy melody,
> On strings of song, inspiring music.

Not long since, one of these girls came home from America bringing a big box of clothes with her. But we notice that she is now wearing a red coat, just like the other girls are wearing, and she speaks Irish as well as any of them. The people of Inis Meáin do not believe that it is proper for people to wear clothes from other places. 'It is neither right nor suitable for any girl on this island to wear a hat', I was often told; and I heard a young man say once that he would not marry a girl from Inis Meáin if he saw her wearing a hat after the manner of foreigners, 'and swaggering around'.

Here we are talking while the Feis is all ready before us, down beside Muirbheach.

All we are waiting for now to start is the arrival of the people of Inis Oírr. The wind is blowing in the direction of Inis Oírr today and because of that the day is a bit choppy out on the sea. The waves are surging so high between the two islands that it is difficult for the curraghs to make their way now. At long last, however, they reach land at the slip behind us, and, of course, it can be said that there is dry land under the feet of our friends once more. I recognise most of the people from Inis Oírr itself there and I see a student from Dublin among them. There is the priest from Wales too. He travelled over to Ireland to learn our ancient tongue. There are three women from Dublin of the Wine-drinking beside him, and, needless to say, they are all in search of Irish.

The beginning of the Feis is drawing close – the first festival to be held on this island for a very long time. Hundreds and thousands of years went by, after each other, and during that time, there was no assembly in Aran like this assembly. That is a great thought and it tells us that today is very important.

It is almost certain that Saint Enda and Saint Ronan stood on the rocks of Inis Meáin among the people and they praised God along with them and taught them the law of the Living God. Perhaps the Dove himself spoke to the people in the same place nearly a thousand and three hundred years ago. And to imagine that there was no Feis on the islands for countless generations, and also that it is likely that there was no such Feis ever held there.

All day long we hear the sweet words of the language that they used to speak here in olden times and all we have to do is to close our eyes and we see that there is a gathering or assembly of the Irish people of old in front of us. The druids or the saints are among the crowd. The words of wisdom are issuing from their mouths while their thoughts glide over things to do with the next world.

And when all is said and done, isn't it the things to do with the invisible world that we are most interested in today? It is not difficult to be convinced of that while we are listening to the old stories being told. We are currently in the Land of Youth. A man from Inis Oírr is telling a story about how Oisín was charmed by Niamh of the Golden Hair. Later, the learned men of Inis Meáin talk about the fairies who often visit the forts during the night-time, and of the castles which used to rise up out of the sea and the various miracles that happened long ago in this country. It is very clear that this meeting is closely related to the youth of the world before the human heart hardened and before the cares of this world overcame the life of intellect and inclinations of the soul.

'With the anxiety of life everything left me', an old woman said to me once when I asked her to tell me a little story about the Fianna and the other Irish warriors who used to compete and work together during the time of our ancestors.

These people around us here are not worldly people. They are listening attentively to the storyteller in case they would miss even a word of his conversation. They follow Oisín's course as he comes hither from the island of blessed souls.

'Yes, indeed!' 'Bravo!' 'Now what do you say?' 'That's exactly it'. 'Alas! The poor thing!' 'That's true for you'. 'Doesn't he richly deserve it?'

The storyteller is not interrupted while he is speaking; but when he stops talking now and again, to take a breath, that is when they intervene.

Later, when the dancing is underway on the slippery slabs, the old people do well. Among the women, a light-footed woman fairly advanced in age from Baile an Dúin has won. As regards the men, it is the people who have reached old age who are the best of them too. When the young, strong men step out, it is not surprising that we think now and again of the Olympic games, which were played in Greece long ago. Watching them, it is not difficult to picture them as the ancient Greeks – the green crown that they preferred to the gold crown raised above their heads. It comes to our minds that that straight body and well-built shape was what the youth possessed in the time when people thought it was best to use all that they had, both soul and body, to the best of their ability. We see before us the long neck and bright eye and black hair and fine mouth and almost every part of their bodies like the statue images of heroes of old.

When we were leaving them, that was when we realised how much the ancient games of the country meant for the body-strength and honesty of mind of our people. This comes as no surprise, because a person's heart is always running after new things and regretting what it has let slip by.

The Feis has been going on for seven hours now, but nobody feels the time passing. The tiny children run around the edge of the gathering and that is all. No attention is paid to them. 'God bless you', as Bríd said to me, 'aren't the children as restless as a poor woman at a market'. Nobody else moves because the hours pass by, one after the other.

Everything in this world comes to an end, and the end of the great gathering was the presentation of prizes by a female friend of ours, and everybody went home happy with himself and with each other. Before long we gathered in Dún Chonchubhair, on the summit of the island.

After all the events of this day, should we mention such mundane things as hunger and thirst? I don't know but I can assure you that even great heroes of our country like Conán Maol and Cú Chulainn himself suffered from such things also.

After all that, we see that a feast fit for gods is laid out on the green grass in front of us, because it is the spirit of former times that has entered us today. Perhaps the ghosts of the Fir Bolg surround us, and I expect that they are not entirely unhappy with what they see.

The western light is dancing on the top of the fort and the shadows of the high walls fall on every side of the ground, quickly closing in on us. We have almost forgotten that our friends from the South Island have to leave for home at the end of the day.

Like the tide, the sun waits for nobody in the world, and is threatening to set now. It will soon have set; but before it goes out of sight, we see the little curraghs making their way towards Inis Oírr. Their white sails are raised as they bob up and down on the waves just like a swan swimming self-importantly on the ocean.

When we were back on Inis Meáin this year, it occured to us to organise an open-air entertainment for the Sunday following the Feast Day of Mary's Birth. We did not have as much time to arrange everything to do with the open-air entertainment as we would have wished; but that said, we did very well because of the interest of the people of Inis Meáin in the Irish language and the Gaeltacht.

While we intended to have an open-air entertainment, we thought that we should put on a few competitions, particularly for the young people. The survival of the Irish language will depend on them mostly in the future, and because of that no opportunity should be missed to urge and encourage them.

From the first moment that it was communicated to the people that there would be an open-air entertainment on the island, they discussed little else. We did not have many copies of the programme for the open-air entertainment to spare because we had to write out all of them. Here and there – at the Church and at the gable of Éamann's house – programmes were put up, and soon there were plenty of people gathered around them, listening attentively to one of the company reading out about each competition.

'Ah, indeed! Will you be dancing on the flagstones tomorrow?' someone said to Little Máirtín.

'Oh, I will certainly! Why wouldn't I be, having won a prize at the Feis a few years ago', said Máirtín, bending to practise his steps straight away.

The same was true of those down on the slip beside the sea, but they were discussing the speech-making. 'The connection between the moon, the weather, the tide and plenty of fish'. That was the actual topic of the speech-making and the fishermen were very interested in it.

We had terrible weather on Sunday morning and there was many a heavy heart on Inis Meáin as a result of it. By midday, however, the day brightened up, and because of that, the appearance of the world changed, both on land and sea. It was not long before we were all together on the flagstones and everyone looking forward to entertainment and fun.

Father Mícheál commenced the open-air entertainment with some talk in choice Irish. 'Listen to our own priest', said a little girl beside us, and of course, they did not miss so much as a word of what he said:

> What will we do from now on without wood
> All of our woods have been felled.

It is the young, cheerful girl from London who is singing and it is easy to see that the people, both young and old, like the song. 'Again! Again!' and this time we are listening to those sweet words, 'Give my blessing to the people of Connaught'.

Peadar Dhonnchadha was there playing a tune and soon the competitors were on the smooth flagstone. 'Go on out now!' 'God be with you, Peadar!' 'Turn!' 'More power to you, Máirtín!' 'Shake yourself up, Peadar!'

When the women went out to dance, that was when all the fun began and we clapped our hands, and especially so when it was known that an old woman had won. They are singing and along with the old songs, we hear the roar of the tide crashing in from the sea.

In this lonely island in the middle of the ocean, the olden times are back with us again. Yes, these are the same stones which were there when Dún Chonchubhair was built long ago and the same sea breaking and beating all around.

There is no change in the people's habits since the time that Irish was spoken all over the country and there is also little change in the language. As for the hearts of the people of Inis Meáin, they are as light and as Gaelic as they were in the days when Ireland was free.

The singing has come to an end and the fishermen rise one after another to make a speech on the best weather for fishing. They mention everything that concerns the issue, and while listening to the sweetness and elegance of our own old language, we forget the English-language sermon that we heard at Mass that morning. That same sermon was a waste of time. Three or four words in the language of the people would be far better than the finest sermon in the world in a language that they don't understand, and the priests of Ireland need to understand that.

The people of Inis Meáin are very interested in the speech-making and they enjoy it immensely when Ó Dónaill gets up to oppose everything that was said until then. 'The weather has nothing at all to do with fishing', he said in the end. 'When the fish gets hungry, he makes for the bait. That is exactly how it is and nothing else has anything to do with it'.

Although the boys were good in the reading competition for the young people, it was the girls who excelled. We never heard better reading in any language than what we heard when the girls came before us. Their Irish was flawless and melodious.

As regards the other competitions for children, we had to postpone them until the next day, but it must be said here that each one was better than the next when they were held the following day. They deserved all the sweets, books and other goods that they got.

Perhaps the best competition we had there was the recitation of old prayers. All of the people who recited them were old men. It was an appropriate place and time to praise God. It was also appropriate that the old prayers were coming from the mouths of the old people at twilight when the day and night had parted from each other's company.

There was little light left when we were being given a speech by a student from the island who was spending his holidays at home. We barely had time after that to award the prizes before the darkness of the night descended upon us. Needless to say, there was many a happy heart on Inis Meáin that night, and, of course, our hearts were no less happy than theirs.

I attended a wedding on Inis Meáin and it was an enjoyable Gaelic wedding. The couple got married through Irish and almost everyone on the island was present in the small chapel. I cut the loaf above the head of the fair maiden at the wedding afterwards.

I was present at a wake there, too. I often still hear the sound of that keening in my ears – the saddest sound I have ever heard. A young mother was keening there over her only young child. 'Oh, fair Michilín, oh, dear child!'

I remember the day of the funeral and how they all started to keen as they went into the graveyard; and also how each of them in turn visited the graves of their relatives afterwards.

I also remember – but I'm not going to give an account of everything that happened during the time I spent living among the Gaels. I'm only jotting down here the thoughts that enter my mind.

One more memory and I will end what I have to say.

I was going around the island one day before I left Inis Meáin. My reason for going around the island that time was to say goodbye to some of the old people who were not able to leave the fireside. When I emerged from a particular house, a nice girl ran after me and called me. She stood shyly there for a while; but, finally, she stretched out her hand and I noticed that she had a gold ring in it. It was a nice, little, half-worn ring, and it was probably in the family since olden times.

'My mother sent this little ring to you, and it pains her greatly that she doesn't have anything nicer worth giving to you'.

I did not answer her, I was so surprised. I knew that her mother had rheumatism and was sick. I also knew that they were very poor, and that this ring was probably the only piece of gold they had in the house.

'Please let me put it on your finger', said the girl and she stretched out her hand again.

'I can't take it from you, dear friend', I said to her, 'I can't indeed, but I'm just as thankful to you as I would be if I had accepted it. I am, believe that from me'.

She made every effort to make me take the ring from her and she was bitterly disappointed when I refused.

It was no wonder that I was thinking of the generosity of the Gaels and the ways of olden times as I made my way across the sea, my Gaelic-speaking friends behind me and the cold lands of English-speakers ahead of me.

Among the nobility of the land of the Gael
This reputation is broadcast
The law of truth which they inherited
Is kindly treatment of native place.

When Agnes O'Farrelly wrote *Smaointe ar Árainn* [*Thoughts on Aran*], she had spent approximately five years studying the Irish language. She acknowledges her lack of experience in speaking Irish in this travelogue, and cites a particular incident when she asked a young island boy '[a]re you going to hell?' without realising that she had mixed up the word 'ifreann' [hell] up with 'aifreann' [mass]. Referring to the Feis held on Inis Meáin in 1900, Belinda de Buitléir (sister of the revivalist writer Mary E.L. Butler), reveals O'Farrelly's attitude towards the language and her unwillingness to be held back by her restricted vocabulary: 'Úna bravely made her speech, but as she was not yet a fluent speaker, Dr. O'Hickey stood beside her and discreetly whispered words of correction whenever needful; then Úna distributed the prizes to the satisfaction of all the competitors'. Butler also claimed that O'Farrelly learned to speak the Irish language 'by not minding whether she made mistakes or not'.

Smaointe ar Árainn is written in simple, standard Irish, rather than in rich, colloquial Irish; however, certain words and phrases specific to Connemara Irish and the Irish of the Aran Islands are used by O'Farrelly from time to time. It is noteworthy that O'Farrelly would later embrace the Ulster dialect of Irish, due to her affinity with that province, having been raised in County Cavan. In the Irish-language version, *Smaointe ar Árainn*, the Gaelic script of the early twentieth century has been replaced with standardised Irish; in *Thoughts on Aran*, the English-language version, an attempt has been made to reproduce a text as close as possible to the original. However, due to O'Farrelly's limited command of the Irish language, certain terms have necessarily been altered, though an effort has been made to ensure that the overall meaning or sense of any given sentence remains uncompromised.

There is certainly a propagandist element to *Smaointe ar Árainn*, and it was published as a serial in *An Claidheamh Solais* in 1901 and in book format the following year, in order to showcase and promote the Gaelic League's activities. It was envisaged as suitable reading material for Irish-speaking women, such as the women of Aran, and for learners of the language who attended Gaelic League classes. As O'Farrelly herself admits in her introduction, '[t]his little book contains only some random thoughts on Aran and its people and on a few things that happened while I was among the Gaels of those lonely, ancient islands in the western sea'.

I alone am responsible for any errors or omissions in this book.

ACKNOWLEDGEMENTS

My deepest thanks to Adam Kelly, Nollaig Mac Congáil, Mícheál Mac Craith and Treasa Ní Fhatharta, the driving force behind Synge's Cottage, Inis Meáin, for all their help and support with this work.